让教育生命飞的密码

——科研创新与创新规范

何晓波 ◎ 著

四川大学出版社
SICHUAN UNIVERSITY PRESS

图书在版编目（CIP）数据

让教育生命飞的密码：科研创新与创新规范 / 何晓波著. 一 成都：四川大学出版社，2023.6
ISBN 978-7-5690-5950-2

Ⅰ. ①让… Ⅱ. ①何… Ⅲ. ①中小学－教学研究
Ⅳ. ① G632.0

中国国家版本馆 CIP 数据核字（2023）第 021474 号

书　　名：让教育生命飞的密码——科研创新与创新规范
　　　　　Rang Jiaoyu Shengming Fei de Mima——Keyan Chuangxin yu Chuangxin Guifan
著　　者：何晓波

选题策划：梁　胜
责任编辑：王　静
责任校对：毛张琳
装帧设计：裴菊红
责任印制：王　炜

出版发行：四川大学出版社有限责任公司
　　　　　地址：成都市一环路南一段 24 号（610065）
　　　　　电话：（028）85408311（发行部）、85400276（总编室）
　　　　　电子邮箱：scupress@vip.163.com
　　　　　网址：https://press.scu.edu.cn
印前制作：四川胜翔数码印务设计有限公司
印刷装订：成都金阳印务有限责任公司

成品尺寸：170mm×240mm
印　　张：12.25
字　　数：239 千字

版　　次：2023 年 6 月 第 1 版
印　　次：2023 年 6 月 第 1 次印刷
定　　价：68.00 元

扫码获取数字资源

四川大学出版社
微信公众号

序

中小学教育科研是一个有争议的话题，在教育理论界如此，在实践界亦是如此。有论者认为，中小学教师做教育科研是不务正业，他们也没有这个能力；也有论者认为，中小学教师拥有最丰富的教育实践资源，拥有天然的教育实验室，理应是教育研究者。而大量的事实也有力地证明了教育科研是中小学教师专业水平动态提升的重要抓手和杠杆，是中小学教师走向卓越的必由之路。

以发展的眼光看，具有研究能力的中小学教师更可能成为一位优秀的教师。有意识地发现问题尤其是遵循认识规律和科研规范进行研究，并以此推进教学生态的变化、教育的变革，是教育研究文化的自觉，更是教育生命的自觉。但中小学教师到底如何做科研才能促进这种自觉？

这个问题的要害在"到底"二字上。如何做？似乎大家都知道。在众多教科书和专家、学者、中小学优秀实践者的讲座、交流中，对此似乎都有详细的讲解、介绍和说明，但是大家还是不会做或者做得很不好，问题出在哪里？"到底"二字针对的就是"问题出在哪里？"对此，众多研究者给出了答案。虽然，答案并不完全一致，从科研的本质属性与中小学教育科研生态中去判断，科研的创新意识不强，创新动力不足，科研方法、科研规范专业"话语"不充分等是主要的原因。客观公正地说，中小学教育科研所存在的问题也是教育科研中所存在的问题的一个折射。

正是基于这种认识，笔者将"如何做"的重点放在"创新与创新规范"上。通过科研创新推动教师的专业发展，在专业发展过程中，提升其科研操作能力，培养其创新人格，从而持续、科学、高效地推动教育实践与教育变革。

全书共分四个部分十一章。第一部分是通论，讨论了科研是卓越教师专业发展的必由之路、创新和中小学科研的生命力等内容。第二部分认知创新，集中讨论了问题创新与方法创新。问题创新部分着重阐述了创新的动力，创新的求证，问题呈现等；在方法创新中提出了文献法、调查法、行动研究法、比较研究法等。第三部分逻辑论证，从精心设计研究方案、建立知识创新的逻辑框架及复盘三个方面进行了讨论。第四部分对案例研究、成长研究、课题研究等主要的中小学科研实践形式做了介绍。

本书视域多维，观点新颖，材料丰富且跨界，文笔流畅，历时感强，富有浓郁的理论色彩、时代色彩和乡土情怀，适合热爱教育科研的中小学教师、中小学教育管理人员阅读；也可以作为师范生学习科研方法的课外阅读材料；对关注或研究中小学教育科研的专家学者也有一定的参考价值；对那些真诚关心中小学教育的社会人士来说，本书不失为一扇了解中小学教育以及教育科研的窗口。

是为序。

何晓波

2022 年 8 月

目　录

第三部分 逻辑论证

第四部分 三种中小学科研实践形式

第一部分　通　论

第一章　科研：卓越教师专业
发展的必由之路

第一节　教师专业发展的历史印记

一、国际潮流

现代教师职业的形成标志是 17 世纪晚期教师培养机构的产生。自从 1892 年现代师范教育产生以来，教师教育已经历了一百多年的历史发展。19 世纪末至 20 世纪初，科学主义逐渐成为教师教育的主导思潮。[①] 20 世纪下半叶，经历两次世界大战之后，科学主义和人文主义的关系开始发生变化，人们开始对科学主义的确定性与理性的价值产生怀疑，开始反思追究道德主体的责任。[②] 正是视域的变化，使教师教育从对立与偏颇的二元道路走向了新的历程。

1955 年召开的世界教师专业组织大会率先研讨了教师专业发展问题。1966 年国际劳工组织和联合国教科文组织提出了《关于教师地位的建议》，首次以官方文件形式对教师专业化做出说明。[③]《关于教师地位的建议》指出应该把教育工作视为专门的职业。这种职业要求教师经过严格的、持续的学习，获得并保持专门的知识和特别的技术。1996 年，联合国教科文组织第 45 届国际教育大会提出，在提高教师地位的整体政策中，专业化（Professionalization）

---

① 朱旭东. 论当代西方教师教育思想 [J]. 比较教育研究，2015（10）：52—57.

② 陈嘉明. 人文主义思潮的兴盛及其思维逻辑——20 世纪西方哲学的反思 [J]. 厦门大学学报（哲学社会科学版），2001（1）：42—48.

③ 万勇. 关于教师地位的建议 [J]. 外国教育资料，1984（4）：1—5.

反映了中长期的最有前途的策略。① 自 1980 年后，人们对忽视教师专业发展和教学技能提高的做法进行了深刻反省，开始把教师发展的重心转向教师的专业发展。教师的专业教育至少应包括五个方面：把教学和学校教育作为一个完整的学科来研究；学科教育学的知识，即把"个人知识"转化为"人际知识"的教学能力；课堂教学中应有的知识和技能；教学专业独有的素质，价值观和道德责任感以及对教学实践的指导。② 1989—1992 年，世界经济合作与发展组织相继发表了一系列有关教师及教师专业化改革的研究报告，《教师培训》《学校质量》《今日之教师》《教师质量》等著作就是这一时期的产物。

日本早在 1971 年就通过了《关于今后学校教育的综合扩充与调整的基本措施》，文件中指出，"教师职业本来就需要极高的专门性"，强调应当确认、加强教师的专业化。③在英国，随着教师聘任制和教师证书制度的实施，教师专业化进程不断加快，20 世纪 80 年代末建立了旨在促进教师专业化的校本培训模式，1998 年教育与就业部颁布了新的教师教育专业性认可标准"教师教育课程要求"。④

美国是经济发达国家，也是教育强国，美国的教师教育模式对世界具有引领作用。"1825 年，美国开始推行教师资格证书制度。"⑤1987 年，国家专业教学标准委员会成立。⑥

早期，美国教师专业成长模式主要是训练指导模式。随着教师专业发展模式不足的暴露，美国学者转而从学科教学改革、平等的改革、学生评估改革、学校组织重构和教学专业化改革等背景研究教师专业发展模式。以上五方面的改革无论是单一型的还是组合型的，对教师专业发展都具有挑战性。如学科教学改革包括课程标准、教材教法等的改革，强调进行跨学科教学，在提高基本概念、掌握技能的同时培养批判思维能力，要求教师摆脱课程中心、教科书中心以及教室中心。又如致力于平等的改革，要求教师研究教室实践，寻找造成家庭背景不同的学生成绩存在差异的原因，特别是学校结构与规范方面的原

---

① 国际教育大会第 45 届会议的建议 [J]. 赵中建译. 外国教育资料，1997（6）：4—9.

② 霍姆斯协会报告：明天的教师（1986）（上）[J]. 范宁，编译. 杨之岭，林冰校. 外国教育资料，1988（6）：1—9.

③ 教育部师范教育司. 教师专业化的理论与实践（代序一）[M]. 北京：人民教育出版社，2003：3.

④ 教育部师范教育司. 教师专业化的理论与实践（代序一）[M]. 北京：人民教育出版社，2003：3.

⑤ 教育部师范教育司. 教师专业化的理论与实践 [M]. 北京：人民教育出版社，2003：143.

⑥ 教育部师范教育司. 教师专业化的理论与实践 [M]. 北京：人民教育出版社，2003：144.

因。学生评估改革要求教师具有开发代表新的评估方向的评估方案的技能。所有这些，都对教师教育原有模式提出变革要求，或者如某些学者所称的"范式转换"。

美国新的教师专业发展模式有这样一些特征：由消费者转变为参与者，重视在已有经验基础上知识技巧的重构，扎根于教师的日常教学实践，充分考虑教师的组织背景，建立教师专业团体，加强与校外专家的合作，等等。

唐纳德·舍恩1983年出版了《反思的从业者》，该书指出美国学者开始热衷于将教师作为智者和反思者来研究。① 反思型教师教育浪潮在美国、加拿大、英国、澳大利亚等西方国家兴起，进而波及世界范围内的教师教育领域。反思型教师教育思潮从认知心理学、批判理论、后现代主义等理论中吸取丰富的营养，为自身的转型提供了良好的基础。

到了20世纪90年代，首先，美国兴起"常识"取向的教师教育改革思潮。这个思潮受到了具有新保守主义价值取向的联邦政府与社会人士的大力支持，在政策、制度和实践层面上深刻地影响了美国当前的教育改革，催生了偏重职业培训而不是专业培训的新的教师教育模式，其背景是对以提高学生学业成绩为核心的教育质量的问责制和对市场化教育改革的青睐。其次，对教师队伍提出了新的要求。美国社会形成一种"共识"：教师是决定学生成绩的唯一重要因素。这与20世纪五六十年代将学生家庭背景作为影响学生学业成绩的重要因素形成鲜明对比，如《科尔曼报告》。

"常识"派认为，在当代文化机构中，学校的职能是非常有限的，如教堂关乎心灵，医院关乎健康，法院关乎正义，学校应关乎知识与心智。学校就是要在自己"该做之事"上达到优异。"学校是'传授知识和训练年轻人心智的。这意味着学校必须确保孩子掌握文明社会所需的基本技能：读、写、算，广泛理解历史与科学，知晓公民权责，以确保孩子们能够在求学、就业、生涯发展、表达自己的思想及公民参与方面得到最低限度的训练'"②。在教师教育方面，他们主张学科专业的学习，注重立足于绩效和竞争两大基石之上的自然成长，即让学科专业合格人士通过教学实践而自然生成师资。显然，"常识"派与专业派是针锋相对的，是对具有进步主义教育倾向的美国教育的反动。它包

① 朱家存，辛治洋. 美国教师教育发展的问题之争及其启示 [J]. 比较教育研究，2008 (11)：57—62.

② 洪明. 当代教师培养解制路径的思想根基探析——美国"常识"取向教师教育改革思潮述评 [J]. 比较教育研究，2009 (8)：80.

括了合理的因素，但对教师专业发展的全盘否定，也显得操之过急。^① 进入 21 世纪，美国继续加大力度推进教师教育，通过设立"教师质量伙伴项目"专项资助资金，推进"驻校"教师培训模式，为大面积提高教师队伍素质发挥了重要作用。^②

这里要特别提到北欧国家芬兰。芬兰的教育取得了举世瞩目的成绩，成为国家社会发展的动力之一。这与它高度重视教师队伍建设有着巨大关系。1979年，芬兰国家教育委员会就指出：教师属于研究型人才，必须具备硕士或硕士以上学历。^③ 有研究表明，1863 年芬兰最早的小学教师训练学院成立，19 世纪 90 年代政府将小学教师教育定位在大学层次；1979 年芬兰全国教育委员会提出中小学教师教育应该提升至硕士层面。2005 年芬兰中小学教师教育硕士化制度已经得到基本完善。^④ 不言而喻，高质量教师队伍是高质量教育质量的奠基石。而最近几十年，芬兰政府特别加大了教师继续教育力度。^⑤

二、中国教师教育历程

1897 年上海南洋公学师范院的诞生，开了中国教师教育的先河。1902 年北京京师大学堂师范馆的创办，标志着中国高等教师教育的发轫。1904 年《奏定学堂章程》的颁布实施，标志着中国教师教育制度的正式建立。^⑥ 民国时期，中小学校所开展的各类教学研究、培训活动，在实践层面推进了教师教育。1915 年，在《参观江苏省立第一师范附属小学校记略》一文中就有这样的记载："事事研究，而后可得完美之验效果，各种学校然，小学尤然。"^⑦ 事实上，除了一些专门组织譬如各级教育会、各项初等教育研究会等以小学行政、课程、教学方法等为研究内容开展的教学研究外，中小学也会举办不少活

---

① 洪明. 当代教师培养解制路径的思想根基探析——美国"常识"取向教师教育改革思潮述评 [J]. 比较教育研究, 2009 (8)：77-81.

② 赵萍. 奥巴马政府首任内的教师教育政策评析 [J]. 比较教育研究, 2013 (3)：80-85+104.

③ 郑生勇. "专业、信任"：芬兰教师专业发展的基石——芬兰教育研修印记 [J]. 数学月刊小学版（综合）, 2018 (11)：59-61.

④ 刘涛, 陶媛. 芬兰中小学教师教育硕士化制度探析 [J]. 教育探索, 2012 (12)：148-150.

⑤ 联合国教科文组织. 反思教育：向"全球共同利益"的理念转变？[M]. 联合国教科文组织总部中文科, 译. 北京：教育科学出版社, 2017：147.

⑥ 刘捷. 教师专业标准及其达成：以中国为例 [J]. 课程·教材·教法, 2011, 31 (2)：80-88.

⑦ 汪明帅. 民国时期教师的教学研究初探 [J]. 华东师范大学学报（教育科学版）, 2013 (1)：89.

动，让教师参与教学研究。针对在职教师的，主要是教学批评会、研究会及教学法专题研究的相关章程，如浙江省国民学校的各科教授研究会和实地授业批评会的《各科教授研究会规程》《实地授业批评会规程》。此外，还有中心学校辅导制、教学视导等。①

从历史脉络来看，职前教师教育可以追溯得更久远一些，但职后教师教育还是应该以区县教师进修学校的建立为起点。我国的县级教师进修学校于20世纪50年代应运而生，成为专门的在职中小学教师培训机构。② 根据现有资料来看，自新中国成立初期到20世纪60年代中期，进修学校（教研室）的建设卓有成效，小学教师学历补偿教育成效显著。20世纪80年代末，全国各地相继恢复进修学校，20世纪80年代末至1999年间，全国进修学校（教研室）建设方兴未艾，学历补偿教育开展得有声有色，而中小学校长、教师继续教育也开展得生机勃勃。2002年，教育部印发了《关于进一步加强县级教师培训机构建设的指导意见》，文件要求进一步加强以县级教师进修学校为主的各种县级培训机构建设，引导县级教师进修学校和县级电教、教研、科研等相关部门的资源整合与合作，形成合力，建设现代化的新型培训机构；文件还特别强调要加强信息化环境、基础设施和资源建设。③ 2005年，教育部师范司制定《示范性县级教师培训机构评估标准》，开展示范性县级教师培训机构评估认定工作。④ 在教育部文件精神指导下，许多地区积极研究探索进修学校改革发展方向，推进体制改革，与其他相关部门实现资源整合后，达到相应标准的更名为教师进修学院。北京、上海、重庆等省市率先垂范。

纵观区县级教师进修院校的发展历程，我国职后教师教育由学历补偿到能力培训是一个逐步演进的过程。2011年，教育部颁发《中学教师专业标准》《小学教师专业标准》等文件，是教师专业发展过程中的一个标志性事件，具有里程碑意义。

从国内外教师教育发展轨迹来看，教师教育是一个历史范畴。不同时期、

① 汪明帅. 民国时期教师的教学研究初探 [J]. 华东师范大学学报（教育科学版），2013，31（1）：89－95.

② 董梅. 云南省县级教师进修学校建设发展研究 [D]. 昆明：云南师范大学，2017：1－98.

③ 教育部对十二届全国人大四次会议第6733号建议的答复（教建议〔2016〕第405号）[EB/OL].（2016－08－31）[2023－03－11]. http://www.moe.gov.cn/jyb_xxgk/xxgk_jyta/jyta_jiaoshisi/201609/t20160930_282863.html

④ 教育部对十二届全国人大四次会议第6733号建议的答复（教建议〔2016〕第405号）[EB/OL].（2016－08－31）[2023－03－11]. http://www.moe.gov.cn/jyb_xxgk/xxgk_jyta/jyta_jiaoshisi/201609/t20160930_282863.html

不同阶段，其发展重心是不一致的，而促进其发展的方法也有区别。需要注意的是，教师教育与教师继续教育并不是完全等同的概念。从国内外通用的意义上讲，教师教育是指国家通过高等院校进行的师范教育，是指职前的教育；而教师继续教育是指在职教师职后的教育。笔者下文将讨论的是教师职后培训问题，也就是教师继续教育的问题。

三、中国教师继续教育的问题

中国教师继续教育的历史较短，虽然随着新一轮课程改革的推进，包含校本研修在内的多种继续教育方式逐渐兴起，但客观事实表明，教师职后培训的效果并不明显，特别受到教师欢迎的培训活动也鲜有所闻，中小学课堂并没有发生实质性变化。虽然我们并不能因此推断中小学教师职后培训的理论与实践效能不足，但中小学教师职后培训的方向感不清晰、着力点不明确、效果不突出，应是不争的事实。

有学者指出，"教师在职教育"的概念引发三个问题：教师是知识的被动接受者还是主动建构者？在职教育给予的是福利还是自我需要？进修成果是个人成长的点缀还是持续成长的动力？进一步引用学者饶见维的观点："所谓进修或培训或再教育，就是告诉老师应该如何，然后提供示范、典型及引导式练习与反馈。通常这些是由一些不知教师能采用日常教学情形的人来开'处方'，把'最佳的实务'加以包装后交给教师，期望教师能采用这些务实方法。"[①]可见，教师继续教育问题存在着普遍性。

教师继续教育的重点在于教师的专业发展，而职后专业培训是一个系统工程，需要关注目标、课程与方法三个重要元素。目标是出发点与归属，而课程是内容，方法则是达成目标的路径。目标不明，内容与方法也就会出现问题。

第一，目标问题。教师专业发展的目标是什么？没有明确的定位，教师教育就缺乏针对性，培训效果就不会有成效。只有确立了内涵清晰、阶段明确的目标，实质性的教师专业发展才有可能。这里有这样几个问题需要厘清：中小学教师继续教育的国家目标是什么？实现这个目标的课程目标以及作为载体的教学目标是什么？一个地区、一个学校的教师继续教育目标是什么？是宏观的还是具体的、系统的、分步骤的？在培训过程中，我们会不会将具体的活动目

---

① 王洁，顾泠沅. 行动教育——教师在职学习的范式革新［M］. 上海：华东师范大学出版社，2007：4.

标作为教师继续教育的目标？会不会将一个时期的重点任务作为培训目标？甚至仅仅是为了完成培训任务而培训，培训本身就成为培训目标？1999年教育部颁布的《中小学教师继续教育规定》第二章第八条规定："中小学教师继续教育要以提高教师实施素质教育的能力和水平为重点。中小学教师继续教育的内容主要包括：思想政治教育和师德修养；专业知识及更新与扩展；现代教育理论与实践；教育科学研究；教育教学技能训练和现代教育技术；现代科技与人文社会科学知识等。"① 对培训目标与内容都做了描述，问题的关键在落实的过程中，如何去体现这些要求，实现的载体又是什么？

第二，课程问题。教师继续教育是一种有目的的、需持续的教育行为，它需要科学的、完备的课程体系支撑。从理论上讲，课程形态是多元的，学术性教程是课程，实践性操作活动也是课程，甚至连培训时间的分布也是一种课程形态。只有充分利用、整合这些形态，才能够较好地完成教师继续教育任务。课程建构还应该具有层次化、系统化、科学化和效能化等特征。教师继续教育培训课程应该包含理论板块、实践板块与拓展板块三个内容。从理论板块来说，背景知识、本体知识、方法论知识应该是其基本的知识构架；实践板块强调动手能力，突出课堂操作技术，实现缄默知识显性化、显性知识缄默化的转移；拓展板块主要是对技能提升和创新能力的培育，载体是与教育研究相关的多种活动形式。因材施教、分层发展就是针对不同特点、不同层次的教师进行不同形式、不同侧重点开展的专题培训。要完成这个任务就需要有系统的特色课程，能够满足教师个性化发展的课程并能对此做出解释的理论。

第三，关于方法。这里的方法指的是教师继续教育的方式与手段。21世纪以来，我国各地区中小学教师专业发展活动开展得轰轰烈烈，运用比较广泛的方式有：专题讲座、主题研修、专题研修、阶梯研修、循环研修、参与式研修、体验式研修、嵌入式研修、教师沙龙、课题研究、师徒制、名师工作室等。但微词甚多，效果欠佳，抵触情绪、反感情绪日渐增多，主要与培训目标、内容、方法、时间、对象等要素关联性不强及没有科学、系统的培训体系有关。

现在的教师继续教育更多的还是关注培训形式，而忽视了教师自身的需求；关注知识、技术等具体内容，而忽略了教师缄默知识的激活，个体实践智慧的挖掘、统整与转化，等等，这些都是不可小觑的大问题。

① 中小学教师继续教育规定［EB/OL］.（1999−09−13）［2023−05−24］. http://www. moe. gov. cn/srcsite/A02/s5911/moe_621/199909/t19990913_180474. html.

"因此，我们必须反思教师教育和培训的内容及目标。教师需要接受培训，学会促进学习、理解多样性、做到包容、培养与他人共处的能力以及保护和改善环境的能力。……应鼓励教师继续学习和提高专业能力"①。"各级师资培训（从最基本到最专业化）必须更好地吸纳跨学科精神的精髓；跨学科方法可以让我们的教师和教授能够引领我们实现创造力和理性。"② 这段话非常精辟地揭示了教师教育的目标、内容和着力点。

对问题的克服或解决，就是对进步的推动，承认问题需要勇气，而克服或解决问题，则需要眼光与能力。世界教师教育的主导潮流是科学主义与人文主义的融合，是"物"与"人"的统一，这是深入思考与实践教师教育的重要思想基础与方法论。

第二节　教师专业发展的内核与金三角结构

一、教师专业发展的基本内涵

教师专业发展的基本内涵是对所有从业人员及准从业人员本质特征的抽象，它所涵盖的不是一个地区、一个类别、一个族群的教师，而是全部具有教师资格的从业人员以及准从业人员。

"专业"是社会学中的一个术语，指经过专门教育或训练、具有较高深和独特的专门知识与技能的人，按照一定专业标准从事专门化的活动，获得相应报酬待遇、社会地位，并促进社会发展的专门性职业。

班克斯（Banks）认为专业的标准有六条：须有长期的专业训练；有确定的知识领域；具有伦理规范；强调服务重于利益；具有专业资格的限制；具有相当的自主权。③ 舒尔曼（Shulman）认为当代专业原则上至少有六个特点并

---

① 联合国教科文组织. 反思教育：向"全球共同利益"的理念转变？[M]. 联合国教科文组织总部中文科，译. 北京：教育科学出版社，2017：47.

② 联合国教科文组织. 反思教育：向"全球共同利益"的理念转变？[M]. 联合国教科文组织总部中文科，译. 北京：教育科学出版社，2017：47.

③ 刘捷. 教师专业标准及其达成：以中国为例 [J]. 课程·教材·教法，2011，31（2）：80-88.

对专业教育加以限定，这就是服务的理念和职业道德；对学术与理论知识有充分的掌握；能在一定的专业范围内进行熟练操作和实践；运用理论对实际情况作出判断；从经验中学习；形成一个专业学习与人员管理的团体。[①] 李伯曼（Liberman）提出专业工作具有以下特征：范围明确，垄断地从事于社会不可缺少的工作；运用高度的理智性技术；需要长期的专业教育；从事者无论个人、集体，均具有广泛的自律性；在专业的自律性范围内，直接负有做出判断、采取行为的责任；非营利，以服务为动机；形成了综合性的自治组织；拥有应用方式具体化了的伦理纲领。[②]

根据国内外专家学者的研究，可以归纳出教育的专业特点，主要包括职业道德、学科知识构建及其完善和教育实践力三个大类。这三个大类形成一个金三角结构，职业道德居于尖顶，其他二者分居底部的左右角。

二、金三角结构

（一）职业道德

职业道德要求是由教育的公共产品属性所规定的，教育是由政府或社会组织向其社会成员提供的一种公益产品。作为教育从业人员，必须信守对社会的承诺，教师专业发展的第一要务就是要养成良好的职业道德。

对学生的导善，第一，体现在引导学生学习最基本的社会理论道德规范，使其行为符合社会道德规范。第二，教师表达对学生真切的关怀，这种关怀是公允的、无偏颇的。第三，尊重生命个体的特殊性。

教师的专业发展，并不只是在技术方面，如知识学习与教学技能运用，而主要的是道德的和情感的无私付出与收获。没有崇高的情感，没有爱，就没有教育，何谈教师的发展？

2019 年 6 月 23 日，《中共中央　国务院关于深化教育教学改革　全面提高义务教育质量的意见》又突出强调了"落实立德树人根本任务""强化师德

---

① 李·S. 舒尔曼. 理论、实践与教育的专业化 [J]. 王幼真，刘捷，编译. 比较教育研究，1999（3）：36－40.

② 刘捷. 教师专业标准及其达成：以中国为例 [J]. 课程·教材·教法，2011，31（2）：80－88.

11

教育"的教育功能。① 2019 年 11 月，《教育部等七部门印发〈关于加强和改进新时代师德师风建设的意见〉的通知》强调要以德育德、以心育德，以人格育人格，对教师的职业道德建设提出更高要求。②

（二）知识结构体系建构以及完善

"教育的首要任务是传授一种文化的'观念体系'。文化是人类对历史地积淀起来的世界及其自身的基本认识，是由对事物本质的认识所构成的世界观体系，是每个时代赖以指导其生存的价值观念。"③ "知识是文化的核心内容，是经过理性反思并概念化的文化。"④ 教育的主要功能就是传递人类文明的精神薪火，知识的火种在这里燃烧和传递。人类知识的丰富性决定了学科教育内容的丰富性。我们这里没有使用学科教学而是使用学科教育的概念，是因为学科教育涵盖了学科教学，是学科教学的上位概念。学科教学是从学科自身的角度去研究学科问题，而学科教育是从教育学的角度去认识学科教学活动，是从教育理性的层面去研究教学活动，重视学科对人的教育价值功能。

要完成好这个任务，教师就必须在教育生涯中不断建构并完善自身的知识体系。叶澜教授曾提出教育专业素养的三个方面：与时代相同的专业理念，教育观、学生观、教育活动观，多层复合的专业知识，科学与人文的基本知识，一到两门学科知识、教育学科知识；履行责任与义务的能力，理解他人和他人交流的能力、管理能力、教育研究能力。⑤ 教师专业包括熟练掌握学科的基础知识与技能，了解与学科相关的知识，了解学科发展的历史和趋势，掌握学科所提供的独特的认识世界的视角、层次及思维的工具与方法，熟悉学科内科学家成功的原因和展现的科学精神和人格力量。从从业需求来看，教师学科专业知识建构需要下列三大类的知识来源。

① 中共中央　国务院关于深化教育教学改革 全面提高义务教育质量的意见[EB/OL].（2019−06−23）[2023−03−11]，http：//www.moe.gov.cn/jyb_xxgk/moe_1777/moe_1778/201907/t20190708_389416.html

② 教育部等七部门印发《关于加强和改进新时代师德师风建设的意见》的通知[EB/OL].（2019−12−06）[2023−03−11]，http：//www.moe.gov.cn/srcsite/A10/s7002/201912/t20191213_411946.html.

③ 李朝东. 现代教育观念的知识学反思[J]. 教育研究，2004（2）：26−32＋96.

④ 李朝东. 现代教育观念的知识学反思[J]. 教育研究，2004（2）：26−32＋96.

⑤ 叶澜. 新世纪教师专业素养初探[J]. 教育研究与实验，1998（1）：41−46＋72.

1. 背景知识

背景知识是学科专业知识的辅助性知识，背景知识越深厚的教师在课堂上越能深入浅出。背景知识的广度与深度状态在很大程度上决定和影响了一个人的专业成就。

教师的日常教学行为特点影响了教师的实践性知识结构特征。实践性知识是教师在教学实践中积累起来的知识，具有教师风格的经验性知识是教师在长期教学生涯中不断反思、改进和形成的知识。教育理论在教师知识建构中具有重要作用。对教师而言，彼此之间真正能够交流的是从经验中提炼出来的具有个人色彩的理论，而不是教学活动的记录。所以，教师要非常熟悉教育学和心理学，能凭借这类知识观察学生的反应，迅速而准确地解释学生的言行。同时，教育学和心理学作为科学的知识体系，它能够引导教师正确地指导学生，少走弯路，少犯错误。教育理论还具有启迪作用，能引导人们跳出习惯性思维的圈子，找到看问题的新角度。然而，许多教师有一种出于本能的对教育理论的抵触情绪，这妨碍了优秀教师的成长。

2. 学科专业知识

学科专业知识是学科教学所必需的基本知识。教师作为一个专门从事教育职业的从业人员必须具有相应的学科资质：在实践中不断补充、更新、完善相关学科知识，使自己成为一个学科基础知识体系完备、知识底子扎实的专业人员。

完整的、正规教育的重要性在于，"科学知识和科学观点乃是事物与现象的普遍的和本质的精华。……如果我们要掌握这种科学知识和科学观点，特别是要掌握这种知识体系和方法的话，我们就需要接受设计恰当的教育机关对我们所实施的有组织的教育"[①]。

3. 方法知识

方法是指为实现一定目的，按照一定程序所采取的行为方式的总和。方法论是关于研究的方法、方式的学说，也指某一门学科所采用的方式、方法的总和。

方法知识包括了以下内容：第一，哲学方法，如辩证法。第二，一般方法，如系统论、控制论、信息论、耗散理论、突变论，等等。第三，具体科研方法，如文献法、对比法、行动研究法，等等。第四，学科方法及学科方法

---

① 联合国教科文组织国际教育发展委员会. 学会生存：教育世界的今天和明天［M］. 北京：教育科学出版社，1996：15.

论，学科方法论是关于学科方法的理论和根本方法。学科的发展需要方法论，而方法论则促进了学科的发展。学科方法的发展往往又与学科历史紧密地联系在一起，因此，要在学习学科历史的过程中学习学科方法论。第五，学科教学法，教学活动是遵循学生认知特点、年龄心理特征而进行的社会文化交往活动。学科教学法就是关于如何有效地进行学科教学的理论与技术。学习、掌握这门知识和技术有利于提高教学效果，有利于促进学生的健康发展。

综上所述，学科教学法对教学产生直接影响；而学科方法论是学科教学法的上位方法，规范着学科教学行为；具体的科研方法则是在教学科研活动中发挥作用的工具；而哲学方法、一般方法又对包括具体科研方法在内的学科教学法、学科方法论产生思想、方法制约。这是一个自上而下的方法系统结构。这个知识结构构成了教师教学的方法基础且这个基础是一个不断充实、完善和优化的开放结构。中小学教育实践反映了一个重要的信息，不少教师在学科方法论、科研方法及更上位的方法论上有缺失，或者是由于思想上不重视所导致的缺憾，既影响了自身的专业发展，也影响了事业的发展。作为教育教学的主体之一，需要自觉增持并完善这一知识结构。当然，知识并不是文化所要求的一切，教师知识体系的建构和完善也需要尊崇这个理念。

（三）教育实践能力

教育活动是一种特殊的社会实践活动，知识体系的结构合理、完善，知识的丰富性，为教师顺利完成教学任务提供了必要条件，但作为社会认知实践活动的组织者更需要具备相应的社会实践能力。

教育实践能力表现在教育活动的方方面面，但更集中体现在课程的组织实施上。从课程视角看，中小学教师专业实践能力主要包括以下子系统：课程资源创生能力、课程资源呈现能力、反馈评价能力、协调沟通能力、语言能力、教育科研能力、信息技术运用能力。

教育实践能力包括了教学全过程所需要的诸多能力，与当前国际社会对核心素养的基本主张相呼应。一方面，高度重视和强调语言能力、学习能力和解决问题的能力，另一方面又融进时代呼声，高度重视和强调沟通与交流、团队合作、国际视野、信息素养、创新与创造力、社会参与与贡献等元素。随着教育对象的教育目标、教育内容的变化，会对教师专业能力建设提出更高的要求。

1. 课程资源创生能力

这个能力包括课程资源开发、课程资源整合与课程指导能力，这是根据课程目标、教学目的和教材内容要求，将学生对社会、自然、科技等领域的关联知识进行有机链接；根据教学需要，对已有学科课程资源最近发展区进行纵向与横向的整合；对学生获取课程资源的方法进行科学指导。

2. 课程资源呈现能力

目标设计：对学生知识储备情况、能力发展状况有比较清晰的了解；能够把握教学目标，突出重点；关注学生发展能考虑到不同层次学生的学习需求和身心需要。

预习组织：分层分类指导学生预习，教会学生预习的基本策略和方法，培养学生自主学习能力。

教学组织：教学内容与学生的知识、经验进行衔接，有分寸感、层次感，关注核心知识和知识结构；能因材施教，运用多种教学方法；培养学生倾听、表达、合作学习的良好习惯。

教学提问：能设计问题情景，提问指向明确；能引导学生提出问题并有效讨论。

教学结构：合理调控课堂教学内容，引导学生进行讨论，关注细节。

教学媒介：师生都能使用教材、图书、图表、多媒体、黑板、白板等教学媒介。

3. 反馈评价能力

评价工具与方式：能根据教学需要选择评价工具与评价方式，能够运用评价结果进行教学反思、改进教学。

作业布置与批改：作业设计紧扣教学目标，能遴选习题并进行分层设计，及时提供反馈信息，分类指导不同的学生。

试卷编制及质量分析：能根据课标要求编制学科测试卷；试卷题量适中，结构合理、内容正确、难度适宜，有一定的检测度与区分度；能对测试结果进行质量分析，并能指导学生开展自我分析；能够运用测试结果自觉改进教学。

4. 协调沟通能力

与学生的沟通：与学生进行对话，师生关系十分融洽。

与家长的沟通：与家长就学生的学习情况和思想状况等沟通，能及时与家长定期交流，能为他们提供建设性意见。

与同事的沟通：积极参加业务活动，与同事进行相关学科交流，形成良洽的办公氛围。

与其他专业人士的沟通：能够与外校、高校及科研院所的研究人员开展合作。

教育是一种社会文化现象，是人际交往的一种特殊形式。学生在学校学习，要学习科学文化知识，还具有社会角色实践的性质。学生在课堂上或各种活动中学习，本质上都与其社会角色有关。如在研究性学习中，学生学习的是教师与学生，同学之间的互助、协调、服从和领导，学习倾听、批评、反思和辩护。而教师要认真、客观、公正、透明地开展教学工作，公平、友善地对待每一位学生。教师与学生之间、教师与家长之间、学校与社会之间、学校内部领导与下属之间及同事之间的诸多矛盾，往往是因沟通不畅造成的。

5. 表达能力

教学语言：常态化、规范化教学用语以及学科教学语言，教师的教学用语要正确、准确、自然、流畅，肢体语言得体也是其基本要求。

书面语言：能够运用书面语言准确表达个人的学科思想、教学点滴、研究心得，撰写学术论文。

同时还要具有教育科研能力和信息技术运用的能力。

这七种能力涵盖了课前、课中、课后所需要的基本能力和教学辅助能力，在当下教学情境中是缺一不可的。

三、中小学教师专业发展策略

（一）蓄养师德

教书育人，亲其师，才能信其道。对学生影响较大的是教师的道德风范。一个人的道德修养不足，势必影响人生发展的各个方面。要成为一名优秀的中小学教师，道德修养排在第一位。以蜡烛比喻教师也说明了教育者需要用奉献的精神从事教育事业。蓄养师德是一个持续而艰难的过程，是要用一生去落实的。

（二）专业实践

第一，教学创意。创意就是要在常规的教学上有所改变。创意对教师的专业成长具有重大意义是源于教学的两面性。一方面，教学能激发师生的创新、创造能力；另一方面，又会抑制甚至扼杀教师与学生的创新、创造能力。教材的超稳定性、教学生活常态的超稳定性易导致教师对教学产生厌倦情绪。教学创意是求新求异的一种技巧，是释放自身活力、维系教学生命力的重要路径和措施，然而，中小学教师对革新的厌恶常常导致其教学创意陷入一种非常尴尬的境地。

下面的这个案例1-1是笔者对一堂小学四年级习作练习指导课的简要记录及分析。

案例1-1

如何在小学看图写话习作课中指导学生想象

教学任务：看图写话《胜似亲人》

在教学中，教师首先通过两个问题来组织教学：画中的人物有什么动作、表情？画中人物的动作、表情让你感受到了什么？

随着教学的推进，教师依次提出以下问题：画中的人物是什么关系？请同学们想象老奶奶与小姑娘之间可能发生了什么事？小姑娘是怎么洗的？她洗衣服洗得认真吗？从哪里可以看出？她心里会想什么呢？（教师与学生一起想象：洗衣服、搓衣服的细节）

你想不想写洗衣服的情景？（学生纷纷拿出作业本，但教师却提出了下面的问题）

她洗衣服的时候累不累？如果累，小姑娘哪些表情可以看出来？

她洗衣服是为了谁呢？为什么这样做呢？（学生：走迷了路，是一个孤儿）

……

这一堂习作指导课就这样在老师的引导下一步一步走向结束。

通过对上面所记录的教学提问进行分析，可以研判出这节课的主要问题。

其一，写作任务没有完成。这是一节习作指导练习课，根据教材要求，本课的教学着力点应该是学生看图写话合理想象训练指导，它包含了两个教学要点，一是如何合理想象，二是把合理想象的结果写成文字。活动的主体应该是学生。但是，整堂课都是教师在主导学生进行故事解构，虽然在教学设计中有学生片段写作点评环节，但在实际教学中"活动的主体应该是学生"这一点却被忽视了，教学的重点没有得到落实。

其二，指导任务没有完成。本课的难点之一是：学生如何去合理想象？教学研讨的话题也是"如何"去指导？但是，纵观全课，我们很难回答教师是如何指导学生进行合理想象的，倒是教师一步一步诱导学生跌入"陷阱"的猫腻很重。学生并没有获得看图时如何想象的基本知识，更没有这方面的具体训练。

其三，想象的多样性受到忽视。教材编写者在"练习提示"中写道："可以用'胜似亲人'，也可以根据习作的具体内容自拟题目。"也就是说，"胜似亲人"仅仅是教材编写者设计的一个启发性思路，学生还可以有其他的想象。所谓想象就是在表象基础上的再创造。想象是一种重要的思维能力。从文本角度看，任何一幅图画，都可能因为阅读者的人生经历、阅读经历和个人思维品质的不同，而解读出不同的意义，从而对图画进行二度创作。但是，教师在教学设计时，就没有考虑这一点，而是一条道走到天黑。

其四，没有思想情感的对话。本质上讲，写作是作者与他者、与自己的对话，真实的思想情感是作品的生命。如果教师总是按照课前的预设，引导学生在线性思维方向上进行认知建构，那么，对学生来说，就没有个性化思维的建构。没有个性化的思维建构，学生的个性思维品质又如何建构？

第二，观察与模仿。人类学习的重要方式之一就是观察与模仿。例如，向鸟儿学习，人类创造了飞机；向鱼类学习，人类创造了轮船；向星宿学习，人类创造了人造卫星。向优秀的、有特色的教师学习，有利于实现自身各方面的发展。

第三，在共同体中成长。在学校教师这个团队中，总会有一个或者几个在某一方面胜过自己的人，向他们学习是一个较好的捷径。积极参与校本研修，做校本研修的真诚践行者，是提高自身专业能力的重要路径之一。

第四，珍惜每一次锻炼的机会。积极参与学校中常见的公开课、示范课等，教师通过磨课、研课，能够迅速成长起来。

（三）提高思维能力

提问能反映提问者的思维方式与行为方式。例如，苏格拉底在与人对话中，常常使用反话、辩证、归纳等方法。反话，就是不断地追问；追问，是反思与批判的一种方式。研究者需要反思与批判，尤其是对自己的思想、行为进行反思、批判。

反思是主体对自身行为的一种自觉，是对思想的再思想，是一种高级思维活动。教学反思是对教学的审视，对已发生的教学过程进行审视，从而对教育元素进行甄别、筛选与重组，更好地完善教学过程。

中小学教师需要学会自我反思，作为教学过程的参与者，教师很难客观地观察自己的教学过程。教师自我反思的能力与教学的成功密切攸关。教师评估教学时非常信赖自己的观察，但教师应审视自己的观察是否客观全面。教师若成为选择性的观察者时，为了维持教学有效性的虚假感觉，可能不会关注那些学习成绩差的学生或者只让那些能够正确回答问题的学生答问。[①]

正是在不断地反思追问中，教师的教育行为、教育观念都在发生着微妙的变化，日积月累必将引发更为深刻的变化，从而实现个体精神的飞跃。这一个"飞跃"，既包容了过去和现在的思想成果，也潜含了未来的思想发展轨迹。

（四）学习理论知识

对中小学校管理者、中小学教师而言，教育文件、教育理论就是其思想灯塔，它以其巨大的光亮，划破层层迷雾。

1. 向教育文件学习

教育文件是指教育法规、政策、计划等国家层面颁布的指令等。一个时期的教育文件体现了一个时期国家的教育思想、目标、价值、工作重点及操作策略，具有指导性。譬如，当前正在力推的"双减"及《义务教育课程标准（2022年版）》就是典型的例子。

向教育文件学习，就是提高教师的教育站位，运用教育文件精神关照教育过程的关键点，并做出符合教育本质的判断。

2. 向教育理论学习

教育理论在教师个体知识建构中具有重要的作用，需要高度重视。理论学习一般可以遵循以下路径来进行：从教育生活中提出问题；围绕问题寻找相关研究文章、著作章节；主题阅读；摘要重要段落、句子，撰写心得文字；综述，做出评价；解释问题；写成文章。

概言之，教师专业发展是一个重要话题，其核心点在如何培养师德、如何激发自身的创新精神。教师应学习教育文件，更新教育理论，在教学中不断提升自己、反思教学中的劣势，不断提高自身教学水平。

（五）调动知情意能

教育科研对教师个体发展的影响主要体现在思维方式的转变、情感体验的丰富、动手能力的增强和创新能力的提高四个方面。

[①] 参见 Peter W. Airasian. 课堂评估：理论与实践［M］. 赵中建，审校. 徐士强，译. 上海：华东师范大学出版社，2007.

1. 思维方式的转变

科研作为一种认知工具，以发现、研究、解决问题和建构理论为基本任务。中小学教育科研范围主要针对教育实践一线，其研究的问题多是发生在实践中的教育、教学问题，主要是解决工作中的实际问题，其创新性主要体现在推进本地区、本单位的工作方面。实事求是地研究问题、批判性地分析问题、创造性地解决问题，是科研活动的基本属性。中小学教师在开展科研的过程中，要充分调动自身的能动性。研究活动能培育个体的思维品质，形成敏锐的观察力，这些品质和素养会在很大程度上改变教师看待问题的角度和方式，从而引发教师自身思维转变。

2. 情感体验的丰富

情感是人所具有的高级心理活动，也是人的发展中最具潜力的因素之一。情感缺乏丰富性和变化性是教师职业生涯中的一个普遍现象。中小学教师因其职业属性，更多关注的是学科教学、学生的学业成长及社会、家长、学校、同事对自己业务能力的认可。教师在高强度的压力下应学会放松，如读一读闲书，参与户外活动等都是切实有效的方法。若能将科研作为释放自身创造性劳动的途径，将是教师自身职业发展的有效途径，亦是寄托教师丰富的情感体验的有效途径。

3. 动手能力的增强

教育科研需要教师发现问题后，制定方案，撰写开题报告、实验报告、研究报告等，设计调查表等环节。

以发现问题为例，问题是研究的起点，没有真正意义上的问题也就无所谓研究。而在研究的初始阶段就要对问题的边界、内涵与特质进行分析，这个过程就是一个认识演进的过程。再如，课题方案的撰写，要求教师对背景、目标、概念、内容、原则、方法等要素进行精确描述，本质上就是一个探寻目标，聚焦问题，明辨事理，寻找方法，学习规范，提升思想的培训过程。

4. 创新能力的提高

人的认知系统与能力系统都是远离平衡耗散系统的，教育科研可以加快认知系统和能力系统的不平衡，而在不平衡中教师要寻求新的平衡。这个过程主要体现在对他人已有研究成果的运用和对自身研究成果的提炼上。这个学习过程可以更新已有的知识系统和能力系统，在信息的交换中实现创新。

第二章　创　新

　　研究，是对事物的认识、探究过程，但因主体的认知行为易产生偏差，为了尽可能避免这种偏差，需要保持认知行为的科学性。科学研究就是遵循事物的客观性进行探究活动，是人类认识自然、认识社会、认识自我所进行的一种高级认知活动。

　　中小学科研是应用性研究，是一种实践价值导向的研究，其生命力在于创新与创新规范。

第一节　创新释义

　　《现代汉语词典》对创新的解释是，抛开旧的，创造新的。这个解释言简意赅，在英文中，Creativity 这个单词起源于拉丁语，原意有三层含义：更新，创造新的东西，改变。创新理论形成于 20 世纪。1912 年，经济学家、管理学家、美国哈佛大学教授熊彼特首次在经济领域提出创新理论。

　　有关研究指出，当代对创新做出最具权威性解释的人物是熊彼特。

　　什么是创新？熊彼特说，创新是应用新的思想，将其转换为价值，它包括产品、制造过程、原材料供应、寻找新市场和公司存在方式的更新。创新具有飞跃性，导致巨大的破坏和不连续性，即"创造性毁灭"。[①]

　　他指出创新就是建立一种新的生产函数，也就是说，把一种从来没有过的关于生产要素和生产条件的"新组合"引入生产体系。这种新组合包括五种情况：采用一种新产品或一种产品的新特征；采用一种新的生产方法；开辟一个新市场；掠取或控制原材料或半制成品的一种新的供应来源；实现任何一种工业的新的组织。因此"创新"不是一个技术概念，而是一个经济概念：它严格

---

　　① 何晓波，梁胜. 经济学家的故事［M］. 成都：四川大学出版社，2021：33.

区别于技术发明，把现成的技术革新引入经济组织，形成新的经济能力。

熊彼特认为阻碍创新的因素有三个：一是信息不充分条件下许多事情处于不可知的状态。二是人的惰性。三是社会环境的反作用。[①] 熊彼特将创新的本质特点、功能以及如何创新等内容表述得非常明晰而深刻。他的观点得到了广泛认可。但一般的看法是，创新所具有的新颖性、独创性、价值性是其基本特征。

学校教育是一种社会文化现象，教育科研是这种文化现象的下位现象，要在自身的创新活动中充分体现创新的基本特征：引进新的元素、克服障碍，创造新的精神产品和物质形式、组织形式，从而打破循环性的平衡，激发学校活力，改善学校教育生态；反之，学校就将陷入"循环流转"的均衡状态，增长的只是数量，不能创造出具有质的飞跃的教育。由此可见，教育科研的创新追求对学校或教师个体具有重要意义。

与创新相近的词是创造。创造的过程经历四个阶段：准备期，表述问题，初步尝试；酝酿期，放下问题；灵感期，产生解决问题的灵感；验证期，检验解决问题的方法。[②] 而固着的认知会阻碍思维创新。[③] 创造能力与智力的加工过程、智力风格、知识、人格、动机、环境六个元素紧密相关，而文化元素是环境的重要组成部分。

创造强调首创性、物质性结果，具有前所未有、从无生有的特点；创新强调新颖性，是对已有思想、成果的进一步改进、变化和完善。创新比创造的概念更为宽泛，但创造的水平程度更高。

第二节　创新与创新思维、知识、态度

一、创新与创新思维

一种观点认为，已有知识与创新思维之间是一种正比关系，个体拥有的知

① 何晓波，梁胜. 经济学家的故事 [M]. 成都：四川大学出版社，2021：35.

② 索尔所（Solso, R. L.），麦克林（Maclin, M. K.），麦克林（Maclin, O. H.）. 认知心理学 [M]. 邵志芳，等译. 上海：上海人民出版社，2007：412.

③ 索尔所（Solso, R. L.），麦克林（Maclin, M. K.），麦克林（Maclin, O. H.）. 认知心理学 [M]. 邵志芳，等译. 上海：上海人民出版社，2007：413.

识越多，其创新思维能力越强。另一种更为流行的观点则认为，即使个体的知识达到了领域专家的水平，也不能确保其创新能力会更高；知识与创新之间存在"倒 U"形关系，个体拥有的知识经验达到一定程度，会产生功能固着现象，从而阻碍创新观念的生成。也有一部分学者认为，知识与创新思维之间的关系，在很大程度上受制于两个因素：知识的领域一般性或特殊性特征，创新评估的方式。一般认为，新颖性和适宜性是创新产物的两个核心特征。[①]

由此可见，创新与创新思维是一个比较复杂的关联关系。没有广义上的丰富知识和知识系统，要想在某一点上有所创新，那是很困难的；当然，仅拥有一般的知识储备和知识体系便想创新是很困难的。创新者需要在某一知识领域做出深入的探索与积淀，尤其需要在创新思维上有所突破。

二、创新与知识

理性主义的代表人物柏拉图认为，"知识是人类理性认识的结果，是人们对于事物本质的反应和表述，不同于人类感性认识所产生的'意见'"[②]。柏拉图认为知识就是真理，就是"理性的作品"。[③] 而经验主义的代表人物认为人类所有的知识都来源于感觉经验，都是对外部世界各种联系的反映。[④] 实用主义代表人物杜威则认为，知识本身是有机体和环境之间相互作用的中介，是有机体为了适应环境刺激而做出探究的结果。一种知识是有效的或真正的知识，那么它一定能够提高有机体探索和适应环境的能力，否则就是无效的、错误的知识。[⑤] 在福柯那里，知识已经不是一种静止的东西，而是一种运动的东西；知识已经不是一种符号化的陈述，而是一系列的标准、测验、机构和行为方式；知识已经不是一种理性沉思的结果，而是一系列社会权利关系运作的结果。[⑥] 而从当代认知心理学的角度看，知识是经过组织的信息，是结构化信息网络或系统的一部分，是信息在记忆中的存储、整合和组织。联合国教科文组织在《反思教育：向"全球共同利益"的理念转变?》中指出，可以将知识广

---

① 楼连娣，庞维国. 知识基础对大学生创新思维的影响 [J]. 华东师范大学学报（教育科学版），2014，32（4）：90－98.

② 转引自石中英. 知识转型与教育改革 [M]. 北京：教育科学出版社，2001：13.

③ 转引自石中英. 知识转型与教育改革 [M]. 北京：教育科学出版社，2001：13.

④ 转引自石中英. 知识转型与教育改革 [M]. 北京：教育科学出版社，2001：15.

⑤ 转引自石中英. 知识转型与教育改革 [M]. 北京：教育科学出版社，2001：17.

⑥ 转引自石中英. 知识转型与教育改革 [M]. 北京：教育科学出版社，2001：19.

泛地理解为通过学习获得的信息、理解、技能、价值观和态度。[①]

对知识运用不同的分类标准就会产生不同的分类结果。譬如，从知识的来源分就有直接知识与间接知识；从知识的所属关系来分就有社会知识、个人知识；从知识的性质来分，就有陈述性知识、程序性知识；从知识的内容来分，就有自然知识、社会知识、人文知识，等等。不同的知识分类具有不同的解释力。比如，在解释知识的来源时，通过个人的体验所获得的知识是直接知识，通过书本学习得来的知识是间接知识。虽然书本知识相对于人类总体来说是直接经验的总结，但对社会个体而言，依然是间接知识。学生在学校的学习，主要任务就是学习前人的知识经验、智慧成果。

知识是以结构的方式存储于大脑中的，而知识本身仅仅是组成结构的材料。知识需要组织成一定的知识结构才能够转化成人的能力，知识在人类大脑中的积累过程是一个建构的过程。实践中产生的每一个认识结果都要纳入原有的知识群网络结构中，并安插到一定的位置进行建构。

知识结构发展遵循量变到质变、否定之否定的规律，个体知识结构的成长过程往往表现出下列三种现象的循环往复：第一种现象是知识的缓慢积累过程，随着时间的推移，人的知识量几乎与时间呈线性关系增加；第二种现象是知识积累过程的中断，当某种知识吸收到一定程度后，会发生一种类似于饱和状态的现象；第三种现象是知识量的急剧增加过程……知识量的演变过程与时间形成陡峻的指数曲线。[②]

认识结构是知识结构的运行机制。所谓机制就是结构和功能的统一。认识结构包含两个内容：知识结构和智力结构。知识结构的形成具有层次性，具体科学知识和一般方法知识是形成知识结构的两个层次。具体科学知识属于思维程序的准备，可以直接从实践经验中取得，也可以间接从理论教育中取得，二者都属于知识结构的基础部分。一般方法论知识属于设计思维程序的知识，或叫作思维程序的程序，实际上就是思维方法；它必须在一定数量的具体科学知识基础上产生，经过抽象、归纳才能完成上升的过程，形成知识结构的上层建筑。思维方法的知识是知识结构中的一种重要的知识储备，它是形成思维能力的直接因素。

创造源于对知识结构的信息加工与整理。知识的教育价值主要体现在以下

---

① 联合国教科文组织. 反思教育：向"全球共同利益"的理念转变？[M]. 联合国教科文组织总部中文科，译. 北京：教育科学出版社，2017：8.

② 参见绍兴国，赵殿贵，张新国. 创造性思维 [M]. 北京：中国和平出版社，1996.

三个方面：第一是认知或智能的教育价值，包括丰富见识，增进自由与力量；知识的认知能力价值；丰富认知或认知的资料、资源；拓展视域和思维空间、想象空间、创造空间等方面的内容。第二，知识还有自我教育价值，增进人理解人生意义、评价现实生活和选择未来生存的自我意识。第三，知识具有实践教育价值，包括知识提升实践能力的价值；知识运用于实践形成的思维范式和行为模式的教育价值等。[①]

知识的内涵极为丰富，而知识向能力的转化、提升源于知识的结构方式，因而创新能力的养成需要丰富的知识做养料，需要不断发展知识结构；而创新能力又会利于掌握知识或促进知识结构产生变化。

三、创新与态度

创新是一个概念化的过程，个体的人格特征对创新产生激励或者抑制的作用。人格特征是非常综合化、个性化、独特化的。个体的态度会影响创造，而"态度就是对某特定目标的评价倾向"。[②] 它是一个人对某人或事从赞成到不赞成的评价倾向，这一倾向形成了关于这一事物的态度系统的核心。态度系统包括五个组成部分——态度、认知、情感反应、行为倾向性和行为。态度系统是有组织的系统，态度、认知、情感、倾向性和行为在一个有机系统里的相互关联，具有很重要的应用意义。

态度具有对象性、评价性、稳定性和内在性四个特性。对象性指态度总是针对某种特定的事物，也就是所谓的态度客体；评价性指是否赞同该事物；稳定性是对态度客体比较持久的而不是偶然的情绪倾向；内在性是态度的个体内在的一种心理状态。在每一个态度倾向中，这四者都是有机的、统一的，由一个具体的态度客体来呈现。

"态度是一种倾向性，这就意味着它是习得的，以某种特定方式思考某个事物、某个人或某个问题的倾向。"[③]态度习得就是态度学习。所谓态度学习，就是个体获得对人、对己和对环境较持久的肯定或否定的内部反应倾向的过

---

① 王道俊. 知识的教育价值及其实现方式问题初探——兼谈对杜威教育思想的初探 [J]. 课程·教材·教法，2011，31 (1)：14—32+43.

② 津巴多，利佩. 态度改变与社会影响 [M]. 邓羽，肖莉，唐小艳，等译. 刘力，审校. 北京：人民邮电出版社，2007：27.

③ 津巴多，利佩. 态度改变与社会影响 [M]. 邓羽，肖莉，唐小艳，等译. 刘力，审校. 北京：人民邮电出版社，2007：27.

程。有人认为态度是通过联想、强化、模仿三种过程获得的。社会心理学家凯尔曼提出态度形成经历顺从、认同和内化三个阶段。克拉斯沃尔和布鲁姆等认为，态度的形成经历从轻微持有和不稳定到受到高度评价且稳定之间五级水平的变化：接受、反应、评价、组织、性格化。[①] 态度学习有积极取向和消极取向，要养成积极的态度取向需要激发主体的积极取向。

马斯洛在解释动机时强调需要的作用。他认为人有七种基本需要：生理、安全、友爱与归属、尊重、求知、求美、自我实现。这些需要从低级到高级排列成一个层次。前四种是缺失性需要，它们对生理和心理的健康是很重要的，但一旦得到满足，由此产生的动机便会消失，所以是一种低级需要。后三者是成长需要，它们很少能得到完全的满足。较低级的需要得到满足之后才能出现对较高级需要的追求，引导人们向高层次需求发展，激发社会主体的发展。[②]

而学生的学习动机与学习的内在需求之间具有紧密的内在关系，可以将学生的学习动机与学生学习的内在需求关系绘表如下。

表 2-1　学习动机与学习的内在需求之间的关系表

动机	学习
为什么学习？	动机源
有趣	求知欲
自主选择	归属感
对任课教师的仰慕	自尊
重要他人的肯定、认可	效能感
好分数、好成绩	成就动机
提升技能	自我决定
结识朋友，加入某团队	自我实现
造福人类	利他、奉献

从表 2-1 可以看出，学习行为与个人动机是相对应的，是一个由低级向高级晋升的过程。学生的学习动机有希望获得同伴、教师的认可，希望取得好的分数，获得自我满足等，这是表层原因；对教师来说，要在创造力建构中形成良性的态度，就需要发现、确认并开发动机源，求知欲应是一个重要的动

---

① 顾明远. 教育大辞典 [M]. 上海：上海教育出版社，1998：1514.
② 马斯洛. 动机与人格 [M]. 许金声，译. 北京：中国人民大学出版社，2012：55-56.

因。教师是学习型社会组织（学校）的重要成员，要胜任教育教学工作就需要保持旺盛的精力，孜孜不倦地学习。没有了求知欲，也就少了生活的希望，要在业绩建构中再上一层楼就比较困难。有的教师不满足于做一个"教书匠"，也不满足于做一个"骨干教师"，他要做一个教育家型的教师。具有这样动机的人，是其自我实现欲望的表现，是其对现实自我的超越，通过一个目标平台，有效地整合了"自我实现"与"利他、奉献"的内在动机。当然，也有因为成就动机目标不高，就还需要培育个体的高层次动机。若"自我决定"动机诱导得好，也会形成一种积极向上的合力，而不是充分释放个体无限制的欲望。

作为一个教师，如果能够走向"利他、奉献"的自我动机，那么在工作中实现自我就是形成良性态度的基本路径。人是环境的产物，态度同样是环境的产物。在与环境的互动中，人的态度可以不断生成，不断更新，不断变化，不断发展，最终形成一个良性的态度生态。而态度转变也会带来行动改变，行动又会带来态度的改变，从而形成良性的态度优势，并因此思维极化。

作为对情感、知识和信念系统的总体评价，态度是决策和行为的有效向导，"一旦形成了强烈的态度，这些态度就会引导你思考和感受日常生活的方方面面，指导你的日常行为。"① 创新力是发展着的能力，只有蕴含着积极态度的知识才可能发展为人的创新力。没有积极态度的参与，创新力的构建是不可能的。创新力的养成过程就是认知、审美与自我实现的需要，是一种高层次的需求，是行为主体境界不断提升的过程。

第三节　学力场

一、学力的内涵

从已有的文献资料来看，早在我国宋代就有了"学力"一词，如宋代范成

---

① 津巴多，利佩. 态度改变与社会影响 [M]. 邓羽，肖莉，唐小艳，等译. 刘力，审校. 北京：人民邮电出版社，2007：179.

大《送刘唐卿户曹擢第西归》诗："学力根深方蒂固。"① "宋代王令诗：'贫知身责重，病觉学力怠。'"② 前者的意思是指"学问的力量"，后者指"学习的能力"。而唐代大诗人韩愈在《符读书城南》一诗中也说："欲知学之力，贤愚同一初，由其不能学，所入遂异间。"③ 这里的"学之力"指"学问之效力"。

《教育大辞典》"学力词条"对"学力"是这样解释的："广义指借助学校教育所形成的能力，亦即通过学科教学及生活指导而形成的能力的总体。狭义指借助学科教学而形成的能力。"④

苏丹兰等学者将学力放在教学论的范畴来讨论。苏丹兰认为学力分基础学力与特殊学力。基础学力主要是指学生在学习过程中获取新知所必备的知识经验和学习能力。⑤ 而"在日常学习中，一些学生往往会对某些知识领域表现出浓厚的学习兴趣，并进而形成这方面超乎寻常的学习能力，即特殊学力"⑥。他认为构成学生基础学力的是智力与智慧技能，认知结构及其特征，学习动机和自学能力。⑦ 这里讲的"基础学力"是指形成学力的基础，意为没有这些生理的、智力的、情绪的基础，就不会产生学力这个结果。

袁云开等学者研究了学力的"集合"概念性质。他说："在当今强调人全面发展的时代中，不妨把'学力'解释为通过后天学习与实践获得的态度、能力与知识的集合，学力的养成包括积极态度的培养，学习能力、理解能力、提出问题和解决问题能力、社会适应能力的提高和知识的积累等。"⑧

钟启泉从批判应试教育学力观操作偏向和测量偏向入手，把"学力"界定为"旨在培养学习动机与主动地应对社会变化的能力"⑨。他认为："学力成长是人格成长的'主干工程'"⑩，任何一门学科的目标大体有四个组成部分：关心、意欲、态度；思考力、判断力；技能；知识、理解。这四个视点作为一个

---

① 转引自徐征. 寻求超越：战后日本学力论争·导论 [M]. 上海：上海社会科学院出版社，2008：6.

② 转引自徐征. 寻求超越：战后日本学力论争·导论 [M]. 上海：上海社会科学院出版社，2008：6.

③ 转引自徐征. 寻求超越：战后日本学力论争·导论 [M]. 上海：上海社会科学院出版社，2008：6.

④ 顾明远. 教育大辞典 [M]. 上海：上海教育出版社，1998：1801.

⑤ 苏丹兰. 论学力、基础学力的概念与要素构成 [J]. 山东教育科研，1997（3）：14-16+19.

⑥ 苏丹兰. 论学力、基础学力的概念与要素构成 [J]. 山东教育科研，1997（3）：14-16+19.

⑦ 苏丹兰. 论学力、基础学力的概念与要素构成 [J]. 山东教育科研，1997（3）：14-16+19.

⑧ 袁运开. 再论培养学生发展性学力与创造性学力的内涵及意义 [J]. 华东师范大学学报（教育科学版），1999（1）：72-79.

⑨ 钟启泉. 素质教育与课程教学改革 [J]. 教育研究，1999（5）：46-49.

⑩ 钟启泉. 素质教育与课程教学改革 [J]. 教育研究，1999（5）：46-49.

整体反映了一种学力观。① 他借用日本学者梶田的冰山譬喻，描述了学力内涵的表现特征，浮出水面的可见部分是"冰山的一角"，即"知识、理解、技能"；隐藏于水下不可见部分支撑浮出部分的基础，就是"思考力、判断力、表现力"及"兴趣、动机、态度"。学力由显性学力与隐性学力组成，显性学力为隐性学力所支撑。②

中国学者在 20 世纪 80 年代恢复使用教育学概念——学力一词，但是并没有产生很大影响力，也没有实质性地进入教学实践界进行实践研究。一是这可能与学力、学历两个词语在汉语词汇中容易混淆有关；二是学力的隐含意义及它对教育改革的引导价值没有得到足够重视。就整体而言，中国教育理论界对学力研究的程度不够，更多的是日本学力理论的介绍、宣传或表达，属于平面思维，缺乏对中国教育实践的学术引领。因此，有学者认为，"从我国教育界的现状看，我们面临着学力理论研究与学力现实问题的消解这两大课题。一方面，作为教育科学的学力理论、学力的形成机制与学力评价方略的探讨等等尚待拓荒；另一方面，学力的现实问题愈演愈烈，亟待正视"③。可见，我国学力研究的理论与实践的道路还很漫长。

二、学力的分类

由于不同的教育观会导致学者对学力的理解多元化，所以体现学力观的学力模式也是丰富多彩的。下面介绍日本学者对学力分类的几个主要类型。④

第一，狭义学力论。一是指构成一切学习基础的读、写、算基础能力；二是指构成各门学科基础的、作为教育内容的基础学力；三是指作为国民教养基础，至少在义务教育阶段需要共同掌握的最低水平的基础学力；四是指学力结构（知识、理解、问题解决、关心、态度）中最为基础部分的学力。

第二，广义学力论。将知识、能力、态度、意志等一并纳入学力系统中，与狭义学力论相对应。

第三，科学主义学力论。强调以系统的科学知识、技能的获得为学力的核心内容，统称科学主义学力论，即狭义学力论。

---

① 钟启泉. 关于"学力"概念的探论 [J]. 上海教育科研，1999（1）：16—19.
② 钟启泉. 素质教育与课程教学改革 [J]. 教育研究，1999（5）：46—49.
③ 钟启泉. 学力理论的历史发展 [J]. 全球教育展望，2001（12）：38.
④ 徐征. 寻求超越：战后日本学力论争·导论 [M]. 上海：上海社会科学院出版社，2008：14—16.

第四，习熟论。1967 年，日本学者中内敏夫在其学力模型中首次使用"习熟"概念。中内敏夫这样描述习熟的含义：依据教育课程所组织的面向事物的行为中，自动化、简略化的部分。

第五，参与论。20 世纪 90 年代以后，日本学习、借鉴西方的情景学习理论而提出的一种学习论。

三、学力的分层

根据中外学者的研究，我们可以这样来定义学力的内涵：所谓学力就是通过掌握知识与能力所获得的一种具有稳定倾向的心理品质。它具有吸收、筛选、组织知识及创新知识结构与能力结构的心理特征，是情、意、智的聚合，表现为一种强大的内在智慧力量。它的形成需要包括学力基础、学习内容、学习行为、表现形式、学习态度及学习效能在内的诸多元素的聚合、发散与裂变，具有内在的层次性、系统性和整体性。层次性就是学力的内部分层。

下面的学力结构图表达了笔者对学力的基本观点和看法：一方面，吸纳了他国学者的观点；另一方面，也融入了我国基础教育的理念和价值追求。

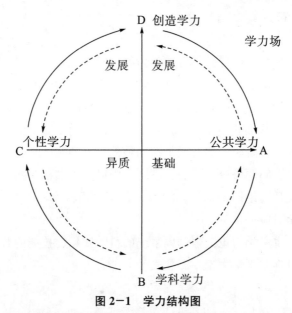

图 2-1　学力结构图

系统论的创始人美籍奥地利生物学家贝塔朗菲认为，任何事物都是在各自的系统中运动。从系统的观点看，任何研究对象作为一个有机整体，它不是部分之和，而是整体与部分、部分与部分之间的相互联系、相互作用与相互依赖，包括要素、结构和功能三个构成成分。要素就是系统中最主要的构成成分。结构是要素的组合呈现方式，不同的组合方式产生的效果是不一样的，不同的分子结构组合而成的物质是不一样的。功能是要素通过恰当的组织形式所**释放的能量。运用系统论观点，采用系统分析的方法，通过对学力构成要素、结构方式和效能的研究，我们为教师专业发展探寻一条优化路径。**

作为一个等级系统，学力具有层次性（基础、异质、发展）、系统性和整体性的特征。在层级上，有公共学力、学科学力、个性化学力、创造学力的区分；从结构上看，学力结构系统由四个区间构成（公共学力、学科学力、个性学力、创造学力），四个学力形成多个回路，构筑出动态的学力场。学力场会随着"场"的变化而变化。在学力共振的效能下，"场"就会释放出巨大的动能，下面将详细论述学力的具体情况。

第一，公共学力是指最基础的听、说、读、写、算的能力。这是每一个社会成员都必须具备的基本能力。社会成员为了能够进行正常的社会交往和维持自身的基本生活，需要具备公共学力。阅读囊括人类所有的阅读活动，如阅读文学作品、新闻、教科书纸质材料或电子材料、图片等。阅读能力是现代文明社会成员应该具有的基本能力之一。这种阅读是为了获取信息或为了解决难题或为了娱乐，等等。写的能力亦是如此。把自己的观点、思想、情感表达出来，是人际关系的需要，更是自身发展的需要。所以，读与写是每一个健康的社会成员所应具备的基本学力。计算能力既是一种重要的基本能力，也是一种思维方式的体现。

第二，学科学力是指那些具有一定特殊要求的学力，如数学学力、物理学力、化学学力等。没有经过专门的系统知识的学习、学科能力的训练，是难以形成这样的学力的。在基础教育阶段，公共学力与学科学力构成了基础学力。基础学力需要解决的是"学什么"和"如何进行学习"的问题。初级的学科学力是对适龄受教育者的普遍要求，具有普适价值，但是，高级的学科学力（如高中阶段或大学阶段）并不是对全体社会成员的要求，而只是对其中一部分成员的要求。由于个体的异质性，这种发展有很大的差异。

第三，个性学力指的是依凭学习个体自身的生理特质、天资发展起来的学力，是某一个体的特殊能力，它往往带有能力发展的倾向性，如音乐天赋、体育天赋、美术天赋、数学天赋等。个性学力具有先天的优势，只是在公共学力、学科学力的哺育下，才能得到培育与发展。它是创造学力的基石，也是创造学力的临界物。

第四，创造学力是经过层层学力积淀之后结出的精华，是学力智慧的集中体现。创造学力能够带来变化、更新、重组和提出新问题、解决新问题、获取知识与能力。它高效地吸收、筛选、组织和创新知识，变革知识结构与能力结构，具有对知识深刻、敏锐的把握能力，知识组织的严谨、流畅，知识迁移与生产能力强，想象丰富等特征。创造学力的核心在于"创造"。所谓创造，就是改变和新的适应。唯有广泛而深刻的再造联想，才能够将知识与能力在智慧的高炉里冶炼出追魂夺魄的精神瑰宝。

上述各级学力并不是截然分开并对立的。在学力系统中，存在一个从低向高的发展态势，同时，又有一个从高向低传送能力、形成往返的回路形态，学力网络及其回路进而形成学力场。学力场会自然形成无数个动态的学力路径，从而产生强大的势能，推动学习主体的情、意、智发展。个体学力有一个孕育、发展、内省和裂变的过程，族群学力亦是如此。

从学力的分层理论中，我们可以清晰地看到创造学力对创新能力的深度影响，而科研需要坚实的创造学力基础。

第三章 中小学科研的生命力：创新与创新规范

第一节 中小学科研创新的学理阐释

一、教育科研创新的内涵

创新与中小学教育科研创新关系紧密，根据创新的定义，结合教育研究性质、特点，教育科研创新的基本含义可以表述为在已有的思想、物质基础之上，通过改变思维方式，或者引进新的物质元素、组织元素，创生一种新的思想、观点，探索一种新的科研方法、实践路径，或者开辟一个新的研究领域，补充、完善材料或者对旧有材料进行新的诠释，实现一种新的科研组织方式或者推动实践产生新的组织方式。

二、教育科研创新的意义

1. 释放科研的价值

科研的价值在于提供新知，也是一项认知创新活动。"一项研究如果不是在知识和思想传统基础上拓展认识、经验、意义、道理、思想、知识，那么就是无意义的。"① 不论是验证性的经验研究的描述或说明，还是辩证性的规范研究的明证或诠释，任何研究都需要建立在合理性的证据或理据之上，因为研

---

① 金生鈜. 教育研究的逻辑［M］. 北京：教育科学出版社，2015：3.

究只有把新观点、新主张、新思想建立在充足的理由之上，才能保证其真实性和正确性。[①] 离开了研究方法、研究内容的创新，科研也就不再是科研，而是一种文字游戏。

2. 彰显实践价值取向

中小学科研本质上属于科学认知范畴，遵循科研的基本规范，但是，因其研究对象是教育实践中的学校发展规划、教学管理、质量评价、师资培训等具体问题，因而具有鲜明的情境性、地域性、时间性、实践性及浓郁的地域文化特色。 一方面，中小学科研需要遵守科研的一般规范；另一方面，中小学科研的研究视野、立足点及研究方法，都与服务教育实践这个目标相关。

中小学科研的根本任务不是创造理论体系，而是推动实践对象发生改变。推动实践对象发生改变需要教师研究其特征及其可能的发展方向等，教师要从事实出发进行规划、设计、实施、评估、总结、提炼，并在此基础上进行扩展试验，进一步验证其思想、观点的合理性，方法的可操作性以及实践性的证实证伪。

3. 助推产生亚理论

中小学科研一方面能促进教育实践发展，丰富已有的思想；另一方面根据中小学科研内生性的特点，在教育实践与教育理论之间架设起了一座桥梁。这个属性赋予了中小学科研在人类教育科研认知历程中的重要位置。理论的来源，一是先验的演绎推理，一是现象的归纳提炼。先验演绎推理所产生的教育理论具有很强的概括力，但往往又与实践有一定的距离，很难直接指导教育实践。要发挥理论的引导、指导作用，就需要实践经验的证明。从认识论角度看，经验并不能直接进入理论层面，需要一个桥梁——亚理论。亚理论还不是完备形态的理论系统，但它已接近这个系统，中小学科研产生的优秀研究成果能建构亚理论系统。这些成果植根于教育经验，又要超越经验，具有一定的理性高度，才能为相关理论提供新的素材、拓展新的研究空间。这是中小学科研对于教育实践与教育理论研究的重大贡献。

4. 打破固着思维

"我们教育界表达意见的占据多数，表达思想的是少数，这是我们教育学界的遗憾。"[②] 思维的惰性是造成这些现象的重要原因。虽然科研要求研究者需要持续更新已有认知，但思维固着会使已有认知阻止新思想产生。因此，从

① 金生鈜. 教育研究的逻辑 [M]. 北京：教育科学出版社，2015：3.
② 金生鈜. 教育研究的逻辑 [M]. 北京：教育科学出版社，2015：6.

思维的角度看也需要中小学科研进行创新。唯有创新，研究者才能够从固有的思维中被解放出来，以全新的精神面貌及热情投入科研工作中。

三、中小学科研创新的特征

中小学科研创新具有实践价值取向、地域文化特征、研究方法侧重经验性质等三个特征。

第一，实践价值取向。中小学科研的主要功能是服务于中小学教育实践，其中心任务是研究如何培养人的问题。围绕这个中心话题展开的是学校发展规划、教学管理、质量评价、教师培训等子系统，因此，研究的选题基本上是围绕主线及主线的辅助线展开的。研究的最终结果就是对学校特色发展、教学优质发展、评价科学化等方面提出优化建议，对旧有科研成果进行改进，促进学校发展，提高学校的教育教学质量。

第二，地域文化特征。此处特指以学校为单位或以行政区域内学校集群为主体的对象。就我国目前的行政区划来看，独立办学体，乡镇教管中心所管辖的学校，市、区、县辖区内的学校都属于这个范围，当下正在蓬勃发展的集团校、学校联盟也属于这个范围。以此推之，中小学科研文化就分为以下三个层次：独立办学体，即每一所独立的学校形成的地域文化，或学校的个性科研文化；乡镇学校集群形成的地域文化特征；区、县、市三级形成的地域性科研文化。从科研实践来看，课题选题覆盖了这三种类型。但也正因为这个特性，其研究成果很难在科研实践中推广。

第三，研究方法更侧重经验性质。由于中小学科研目的性的要求，其研究方法需要进一步贴近实践，因而行动研究法、个案研究法等经验性研究方法成为中小学科研主要的研究方法，很少或不会选择规范性研究的研究方法，导致其在很大程度上与专业的理论研究尤其是学院派区别开来。

第二节　加强规范意识　提升创新品质

实践经验告诉我们，如果一个人要想在某一领域做出创造性的贡献，就必须学习并运用这一领域的显性规则和隐性规划。中小学科研要取得成就，做出贡献，就需要学习这一领域的规则、内容和选择标准。科研创新规范就是其中的一项重要内容。

从字面上讲，规，就是规矩；范，就是范式，榜样。规范，合起来，就是讲规矩，守范式。学术规范是学术共同体内要遵循的基本规则，主要有道德层面、内容层面和技术操作层面等方面的内容。为保障中小学科研规范得以落实，会通过组织委员会、制度设计、舆论监督等监督执行。

科研创新是科研的重要使命。要完成这一使命就需要加强规范意识。科研创新规范要遵循普适的学术规范要求，从规范的具体内容来看，它也分为道德规范、内容规范和技术操作规范等。

一、道德规范

所谓道德，就是一个社会所遵从的、符合社会习俗要求的基本行为准则。科研道德规范是科研活动所遵从的行为准则之一。这些准则要求研究者要实事求是，恪守公正，不剽窃，遵守社会伦理，等等。保持学术研究的客观性、公正性，这就是道德的；学术剽窃，是偷盗行为，若大量抄袭他人的学术成果，这是不道德的行为。

季羡林先生在《学术良心或学术道德》一文中尖锐指出，"学术是老老实实的东西，不能掺半点假。通过个人努力或者集体努力，老老实实地做学问，得出的结果必然是实事求是的。这样做，就算是有学术良心"[①]。他引用梁启超在《清代学术概论》中的观点继续证明："隐匿证据或曲解证据，皆认为不德。""凡采用旧说，必明引之，剿说认为大不德。"[②]

每一个从事科研活动的中小学教师首先要遵守科研道德规范。这是大前提，如此，中小学科研才会沿着科学、严谨的道路前进，也才有可能在创新的道路上迈出坚实的步伐。

二、内容规范

内容规范主要指研究成果在表达时的文字形式规范和具体内容的规范。前者要求在形成正式的文字材料时命题、一级标题、二级标题、字号、引文等符合格式要求；后者指在具体内容上只表述与研究内容相关的文字，其内容表达

---

① 季羡林. 季羡林谈读书治学 [M]. 北京：当代中国出版社，2015：85.
② 季羡林. 季羡林谈读书治学 [M]. 北京：当代中国出版社，2015：84-85.

方式、用语、术语等符合专业要求。对内容的规范要求，事实上是很高的学术要求。

三、操作程序规范

创新是高品质的科研活动，必须由严格的程序维护。具体内容有学术研究程序和成果呈现规则两个部分。学术研究程序由于研究方法、研究阶段及研究具体内容而不同，又会形成不同的操作要求；成果呈现的形态不同，自然也会有不同的学术要求。创新规范作为一种学术规则，它贯穿于整个研究过程及后续工作中，是连续性、持续性工作。

第二部分　认知创新

第四章　问题创新

第一节　何谓问题

问题是所有研究的逻辑起点。中小学科研本质上是一种寻找新的认知的活动，它的逻辑起点是问题。

什么是问题？简单地说，问题就是疑问。在英语中，问题有四种表述：Problem、Topic、Issue 和 Question。Problem 描述的是现实中的困境；Topic 指研究的主题；Issue 是具体研究的议题；Question 则指提出的问题。这四个概念的基本义是有区别的。举一个生活中的例子。假设有一天早上，你需要在八点半到学校上课，但是，当你启动汽车的时候，发现自己穿了一双拖鞋，这个时候你陷入了一个现实困境：是保证准时上课，还是保持教师着装的整洁？保证了准时，就需要牺牲教师的形象，而这不仅仅是教师的外在形象，同时也包含了对学生是否尊重、对自己是否尊重的职业道德问题。反之，保证了后者，就会违反劳动纪律。这是一个典型的两难困境（Problem）。你的第一反应就是"怎么办"？这是一个判断，属于主题性质（Topic）。然后，你需要做出具体的选择：换鞋还是不换？这就是议题（Issue）。到此为止，这三个问题都是面对困境所做出的一步步推导，它需要的仅仅是一个实际行动，以摆脱这个尴尬。也就是说，这三个问题都不是科研意义上的问题。但是，这三个问题却可以带出一个更为深刻的话题，也就是在事实基础上进行抽象，将现实中的困境提炼为认知困境，将解决问题的行为抽象为对策，这样，我们就可以得到这样一个道德困境话题：问题与对策。这就是一个研究中的问题，它需要具体的解释、回答、论证，也就是 Question。这个推理的过程，就是问题化的过程。

问题具有四个基本要素：不知道、想知道、难知道、可知道。不知道，就是不明白，是认识上的困境；想知道，主观上就是要想弄明白，有一种强烈的求知欲；问题不能轻易解决，有一定的难度，需要努力，这是难知道；经过努力能够知道自己想知道的，这是可知道。当然，无论是大自然或者是人类社会生活，总有很多未知领域，即使再努力，由于外在的或内在的某一种或某几种原因都暂时还不能完全认知，这就为未来的探索留下了空间。

科研根据研究对象不同而分为事实研究、理论研究、批判性研究和规范研究。事实研究研究的是事物外在的事实形态，通过外在的表现形态认识事物；理论研究研究的是学科概念体系及建构；批判性研究关注的是对思想的批判；规范研究研究的是原理、原则等内容。

在中小学科研视域里，问题一般分为事实性问题、理论问题、程序性问题与规范性问题。事实性问题是有关经验的问题，指向具体的经验世界；理论性问题探讨概念的内涵、外延及概念的体系；程序性问题指向操作技术、步骤，是技术性取向；而规范性问题指向的是原理、原则、要求等。总体上说，人类认知的对象包括两个大类：经验世界与先验世界。理论性问题与规范性问题就属于先验世界，是先验研究；而事实性问题、程序性问题就属于经验世界，是事实研究。

第二节　问题源于"实在"

一、问题源于"实在"

中小学科研是对"实在"的认知行为。"实在是存在的整体，包含着一切的存在，而不仅仅是实体的物，也不仅仅是实存的现象或已经发生的事实，实在还包括精神的内容，如概念、想象、思想、意义、语言，以及概念上的可能性存在。"[①]

对中小学校及中小学教师而言，中小学科研问题主要源于教育教学实践。教育教学问题产生于具体情境中，需要研究者规范研究问题和教育实践，这是对教育现象更深层的认知和追问。脱离教育"实在"的问题都是伪命题，需要

---

① 金生鈜. 教育研究的逻辑［M］. 北京：教育科学出版社，2015：85.

指出的是，这里的"实在"包含了教育的应然、或然、实然几种状况。

中小学科研研究的问题来源主要有以下几种路径：对理论的回应、政策推导、观察与思考、现实需求、经验总结、旧题出新、深化与分解等。对理论的回应，是对一种观点、思想的赞同或反对，重在理论的批判或重建；政策推导，主要基于对重大教育问题、疑难问题和中心工作需求的演绎，是解决国家层面、地方层面亟须研究的问题，是一种中短期的研究；观察与思考，是对教育实践中已出现的问题进行研判，是发现问题、研判问题并做出判断的一种状态；现实需求，是解决现实问题的需要；经验总结，是对过去已有工作的梳理和提炼，在这一过程中发现新问题；旧题出新，是基于新思想、观念或新需求而产生的一种研究，为推陈出新产生新成果；深化与分解，则是在现有研究基础之上进行更深入的研究。

对上述来源进行分类，大致是对理论的回应属先验研究；政策推导、深化与分解根据研究者的视角与研究目的可能成为先验研究，也可能成为经验研究；余下几项都属于经验研究，也就是事实研究。中小学科研的问题，应该是来自对经验世界的关照，是事实性问题。

教育实践活动是丰富的人类认知活动构成之一，是一种重要的生活状态。每一种具体的样态包含了"教育""应该"的先验所在。教育科研自然也包含了对教育实在的思考和探索。作为中小学教育研究者需要俯下身子，从古今中外教育大家教育思想的产生过程，来深刻认识教育实在的特征。

卢梭是法国十八世纪启蒙思想家、哲学家、教育家，启蒙运动代表人物之一，其代表作《爱弥儿》对教育影响深远，他的教育浪漫主义思想至今还影响着人们的思想和行为。

教育思想家苏霍姆林斯基教育及科研的一生，可称为世人楷模，其教育思想光照后人。顾明远先生曾经指出，苏霍姆林斯基认为"教育思想具有普适性、先进性、丰富性、全面性和深刻性"，其"教育思想核心是人道主义"，"设计的教育目标是培养人的和谐发展"。一种职能就是认识和理解客观世界，另一种职能就是人的自我表现，自己的内在本质的表现，自己的世界观、观点、信念、性格在积极的劳动中和创造中，以及在集体成员的相互关系中表现和显示。和谐的教育就是发现蕴藏在每个人内心的财富。[①]

当代日本东京大学教育系教授、国际著名教育家、"中国的朋友、当代的

---

① 顾明远. 苏霍姆林斯基教育思想在中国的传播及其现实意义［J］. 比较教育研究，2007（4）：1—4.

杜威"佐藤学的学术经历，也证明了教育科研与教学生活的紧密关系。他认为对小朋友来讲，接触自然、接触外界的环境是非常重要的。他的博士学位论文写的是1890—1940年美国的进步主义思潮的相关内容。美国进步主义思潮有两个流派，一个是社会主义的，一个是近代主义的。他对社会主义流派比较感兴趣。在做博士学位论文的时候，他就开始关注实践性的资料，收集了3000多份实践记录，收集资料的过程非常困难。他收集的不仅是单纯的史料，而且是关于教室活动的纪录。

通过研究，他当时发现四种课程流派：第一种是"发展主义课程流派"。这种课程流派以学生的发展为中心，以促进学生智力的发展水平为中心，为民主主义社会做准备。这个流派的代表人物是杜威、皮亚杰、维果斯基。第二种强调的是确定了目标，实现目标并进行评价的课程流派。这是一个注重生产性，以适应产业社会为目的的流派。第三种他命名为"学习改造主义课程流派"。这个流派基本上是以培养学生的态度、人格为中心的。这个流派最后基本上会变得比较保守。第四种叫作"社会改造主义课程流派"。这个流派将学校的改革看成社会改革的一部分，代表人物应该是美国的乔治·庚茨（George S. Counts），他认同杜威以学生发展为中心的流派。

1988年，他36岁的时候到东京大学工作。从那时到现在，他一直坚持每个学期访问两三所学校。他一直不断地到学校去观察，采访。至今，他走访了二十个国家众多学校。他从各个国家汲取经验。作为教育研究者，走进课堂，走近教师是很重要的。

佐藤学主张的"学习共同体"是由愿景、哲学、活动方略和活动体系组成的。愿景就是要建成什么样的学校。支持"学习共同体"教育理论的教育哲学有三种：公共性哲学、民主主义哲学、卓越性哲学。"学习共同体"的理论基础是相互支持、相互倾听的关系。[1]

李吉林自1978年开始情境教学实践探索与研究，从小学语文情境教学到情境教育、情境课程，提出了一系列独特的教育主张，构建了具有民族特色和时代气息的情境教育理论体系与操作系统，为儿童的快乐、高效学习探索出一条有效的路径，成为我国实施素质教育的一面旗帜。

在《教育实践是教育理论的源泉》[2]一文中，邱学华提出尝试教学法充分

---

① 朱旭东，胡艳，袁丽. 我的教育研究生涯——佐藤学教授访谈录［J］. 比较教育研究，2014，36（10）：1-6.

② 邱学华. 教育实践是教育理论的源泉［J］. 华东师范大学学报（教育科学版），2011，29（1）：4-6.

证明教育理论源于教育实践的真理，离开了教育实践不可能有尝试教学法的产生，尝试教学法也不可能提升到尝试教学理论的观点。

这些中外教育高标都充分证明了有生命力的教育思想、教学观点、教学方法。诞生于教育实践中。中小学课堂正是教育理论滋生的田野，是验证理论真伪的实验室。离开了教育田野的教育研究是无源之水、无本之木，不可能有学术生命力和实践价值。从教育情境中发现、筛选、提炼问题是中小学教师科研的基本切入点。

二、产生问题的六个技巧

面对丰富多彩的教育生活，广大中小学教师如何才能练就一双慧眼？做到去粗取精、去伪存真、由此及彼、由表及里，提炼出好的研究课题？

一是注重生活积累，挖掘文献。文献是研究的重要思想资源，运用文献是研究者使用的研究手段。原始文献具有重要的史料价值与研究价值。对中小学教师而言，原始文献主要指如科研方案、科研计划、教案、活动记录、教学杂记（教学反思）、教学经验总结、教学录像、原创的评估量表，等等。

苏霍姆林斯基高度重视教学日记。基于长期的观察、思考和学习，苏霍姆林斯基才能从教育教学现象中发掘出具有研究价值的问题，而成为一代教育实践改革大家。

中小学教师要通过收集、整理第一手资料，提炼具有实践价值且具有创新价值的问题。

二是善于运用科学的思维方法。确立问题的思维方法主要有归纳法、演绎法与类比推理三种。归纳法就是从众多同类现象中进行归类、提炼的思维方法。归纳法有完全归纳法与不完全归纳法之分。

三是注意观察视角。佐藤学认为在选题时有飞鸟之眼、蜻蜓之眼与蚂蚁之眼的分别。飞鸟之眼虽然高瞻远瞩却浮光掠影，不接地气；蜻蜓之眼虽然视角下移却蜻蜓点水，缺乏深入；蚂蚁之眼虽然所见有限，却精确细致。显然，高瞻远瞩能够明辨方向，而精确细致能够植根现实，在确定选择时就能够做到既有高度，又有深度且不漂浮。

四是抓准问题类型。结构性问题、基本问题和重要问题是问题的三大类型。通常的理解是，结构性问题是社会制度或者行动所引发的涉及面较广的想象或状态。基本问题是贯穿一个学科历史并且推动学科发展的问题。重要的问题就是全社会所关注、所需要的问题。在当前，学校文化建设，教师专业发展，培养什么人的问题，都是重要问题。分解到各个学科，又会根据本学科教学的主要任务提出最基本、最重要的问题。

五是在甄别与筛选中求真。教育实践是认知实践，自然会有很多的错误，人们所从事的研究也许在根本上就是错误的。所以，这个研究方向一开始就是错误的，它违反了自然法则。因此，如何避免方向性错误，寻找真问题，就成为研究的首要任务。

六是在公共认知框架中升华并做出价值判断。笔者曾经在新一轮基础教育改革推进之初，针对一线教师对"三维目标"的困惑做了思考，并在教育期刊上公开发表观点。2010年，有学者在论证《新课程三维目标整合的 KAPO 模型》时引用了笔者的观点，认同"三维目标"并不是在同一个水平层面上，也不是从一个点向三个不同角度发出的"射线"，它们本身是有层次的这一观点。[1] 这说明将个人的困惑转化为公共认知领域问题，才能够参与社会意义的建构。

这六个技巧其实是六个步骤，可形成一个有机系统，是一个由事实、经验上升为理性认知的过程，少了其中任何一个环节都会影响科研问题的提出。方法仅仅是工具，归根结底，要提出有价值的命题一定要做一个有心人、一个思想者、一个学习者、一个实践者、一个研究者。

三、运用复杂性思维进行再检视

复杂性思维是这样一种思维，它充分考虑世界万事万物之间的联系方式，这个方式是多元联系、多向延伸、多层发展的。多元联系讲的是多种方式的联系，多个节点的联系，而非单一的联系。世界是系统的，系统是由要素、结构、功能构成的整体生态，因此，引发某个事件、事实或结果的是由诸多因素共振造成的，而非单一的力量。运用这个观点来看教学事件，就不能因为要强调某一方面的因素，而做出不恰当的归因分析。比如，一个学生的进步可能是教师教学方法得当，更可能是学生努力的结果，等等。单一地指认结果或原因，不具有说服力，对科研而言，尤其如此。

再如对课堂教学效率的评价，就需要复杂性思维来认知。课堂具有多元性、即时性和历时性等特点。多元性是多种元素的集合，教师、学生、课程、教学方式、氛围、光线、温度等均是构成多元性的教育元素；即时性是指课堂

---

① 李亦菲，朱小蔓. 新课程三维目标整合的 KAPO 模型［J］. 天津师范大学学报（基础教育版），2010，11（1）：1—10.

教学时师生的"在场"；历时性的含义是指教学要经过时间的积淀才能够真正产生效果，揭示了教学滞后性等特点。在进行教学科研时就更需要有复杂性思维的参与。

有境界，问题就会有深度、有高度、有价值。

第三节　问题创新的动力：非平衡辩证

教育观念是一个历史范畴，教育实践是时代的实践，理念的变化必将带来实践的变化。随着社会的发展，人们的教育态度、教育观念及教育行为方式都会发生巨大变化，并与时代特征、时代诉求高度契合。

动力指一切力量的来源，教育科研以发展新思想、增进新知识、创造新方法为目的，创新是科研的本体性特征。科研创新的动力来自何处？从认识发生论的角度看，一是社会发展推动教育创新，从而带动教育科研的创新；二是教育实践及教育困境推动教育创新，从而带动教育科研的创新；三是教育科研发展到一定时期，因科研条件、研究方式引发的裂变促成创新，从而导致科研观念、方式的创新。

（一）社会发展推动教育创新，从而带动教育科研的创新

1. 从联合国教科文组织教育目标表述的变化看教育创新

笔者试图通过考察联合国教科文组织三个历史时期相关报告著作中对教育观、教育目的等的不同表述，观察教育理念内涵变化、发展与社会发展的关系，讨论社会推动教育创新，从而引发教育科研创新的问题。

第一，根据《学会生存：教育世界的今天和明天》中对教育理念、教育目的的描述可知。

　　教育理念：终身学习

　　教育目的：培养完善的人。[①] 使人成为他自己，"变成他自己"。[②] "人

---

① 联合国教科文组织国际教育发展委员会. 学会生存：教育世界的今天和明天 [M]. 北京：教育科学出版社，1996：3.

② 联合国教科文组织国际教育发展委员会. 学会生存：教育世界的今天和明天 [M]. 北京：教育科学出版社，1996：14.

类发展的目的在于使人日臻完善；使他的人格丰富多彩，表达方式复杂多样；使他作为一个人，作为一个家庭和社会的成员，作为一个公民和生产者、技术发明者和有创造性的理想家，来承担各种不同的责任。"① 培养完善的人是基本表达，后两者的表述是对"完善"的进一步陈述。"唯有全面的终身教育才能够培养完善的人。"②

1972年，一方面，世界正在进入大众媒体（晶体管无线电和电视）和控制系统的新技术时代，这是一个前所未有的时代；另一方面，世界也因诸多原因正在走向分裂。虽然，研究者对"时代的这种巨大变化正在危及人类的统一和它的前途，也正在危及人类特有的同一性"③ 表达出担忧，但依然充满了浪漫的情怀，对世界的未来充满信心。通过依托技术手段的教育，"个人不仅控制自然力和生产力，而且也控制社会力，从而控制他自己、他的抉择和他的行动"④。正是在这样的大背景下，影响世界至今的教育理念和教育目的应运而生。

教育立场：人道主义。

第二，《教育——财富蕴藏其中：国际21世纪教育委员会报告》被誉为具有里程碑意义的教育著作，根据其对教育理念、教育目的的描述可知。

教育理念：教育是促进发展的社会财富。

教育四大支柱：学会认知、学会做事、学会生活、学会生存。

教育目的：教育应该促进每个人的全面发展，即身心、智力、敏感性、审美意识、个人责任感、精神价值等方面的发展。应该使每个人尤其借助于青少年时代所受的教育，能够形成一种独立自主的、富有批判精神的思想意识，以及培养自己的判断能力。⑤

教育立场：人道主义。

---

① 联合国教科文组织国际教育发展委员会. 学会生存：教育世界的今天和明天 [M]. 北京：教育科学出版社，1996：2.

② 联合国教科文组织国际教育发展委员会. 学会生存：教育世界的今天和明天 [M]. 北京：教育科学出版社，1996：2.

③ 联合国教科文组织国际教育发展委员会. 学会生存：教育世界的今天和明天 [M]. 华东师范大学比较教育研究所，译. 北京：教育科学出版社，1996：3.

④ 联合国教科文组织国际教育发展委员会. 学会生存：教育世界的今天和明天 [M]. 北京：教育科学出版社，1996：9.

⑤ 联合国教科文组织. 教育——财富蕴藏其中：国际21世纪教育委员会报告 [M]. 联合国教科文组织总部中文科，译. 北京：教育科学出版社，1996：85.

《教育——财富蕴藏其中》发表时期正是经济全球化（地球村）呼声最高的时期。信息技术加速发展，科技革命带来人类生活巨大变化，而科技的非人化发展同样令人担忧；同时，从全球视野看，民族国家之间、民族国家内部各利益阶层之间，矛盾日益尖锐。联合国教科文组织基于这样一个视域，提出全面发展、批判精神养成、能做出独立判断的行为的教育目的。

第三，根据《反思教育：向"全球共同利益"的理念转变?》对教育理念、教育目的的描述可知。

教育理念：教育和知识是全球共同的利益。

教育目的：培养"富有生产力，能够继续学习、解决问题、具有创造力，能够以和平、和谐的方式与他人共处，与自然实现共存"的人才。[①]

教育立场：人文主义。

《反思教育：向"全球共同利益"的理念转变?》这一报告在继承和发展教科文组织教育精神的大前提下，突出了培养人才化解风险、可持续创造的能力，这显然与当前全球经济危机、地缘政治冲突和贸易保护主义密切相关。实现和平，和谐共生，共同进步，共同繁荣，是人类社会共同追求的价值观，因此，将体现这一价值观的教育观念转换为引领当前全人类教育的培养目标，是全世界的应然选择。教育观念是一个时代范畴，其内涵的变化发展受到社会政治、经济、文化大环境的推动。教育必须对社会的诉求做出必要的回应，教育观念必然会发生与此相适应的变化。

这是对《教育——财富蕴藏其中：国际 21 世纪教育委员会报告》教育四大支柱学会求知、学会做事、学会做人、学会共处的超越，重点是使人学会共处。

通过比较上文所提及的三个不同时期联合国教科文组织的重要文献中的教育目的与时代背景，不难发现以下几点不同：其一，对人类共同命运，对世界政治、经济、科学技术的发展，对教育的社会化功能的关注，对受教育者个体的期许，是贯穿始终的脉络，是全球视野的人文悲悯情怀的体现。其二，教育目的内涵的发展变化是从"完善的人"，到"全面发展"，再到"共处共存"，始终与时代脉搏一起跳动，折射出时代的诉求。其三，后一个教育目的总是建立在对前一个目的继承与超越之上的。其四，从教育的个体价值取向逐步转移

---

① 联合国教科文组织. 反思教育：向"全球共同利益"的理念转变? ［M］. 联合国教科文组织总部中文科，译. 北京：教育科学出版社，2017：24.

到社会价值取向。其五，从乐观到深深的忧虑。

由此可见，教育理念、教育目标是一个时代范畴，是社会发展对教育诉求的理性应答，而对新环境下教育问题的诸多探索，同样是一种动态的应答。

2. 从国际组织、部分国家和地区对核心素养的表述看教育创新

为提高组织成员国的国家竞争力以应对全球化经济发展的需要，促进个体为适应全球化社会而获得自身完满发展，经济合作与发展组织在 1997 年启动了"素养的界定与遴选"（Definition and Selection of Competencies）项目。

经济合作与发展组织在启动核心素养研究之后，组织了十二个国家开展核心素养相关研究，如奥地利、德国、美国、法国等。随即带动日本、新加坡、中国香港、中国台湾等掀起了有关"核心素养"的研究热潮，并推动了教育改革和测评的发展。

表 4-1　国际组织/国家/地区对核心素养的定义

国际组织/ 国家/地区	核心素养概念的界定
经济合作与发展组织	个人实现自我、终身发展、融入主流社会和充分就业所必需的知识、技能及态度的集合，它们是可迁移的并且发挥着多样化的功能。对核心素养概念的界定分为"能互动的使用工具""能在异质社群中进行互动""能自律自主地行动"等三个维度
联合国教科文组织	基于人本主义的思想提出核心素养，即从"工具性目标"把学生培养成提高生产率的工具，转变为"人本性目标"使人的情感、智力、身体、心理诸方面的潜能和素质都能通过学习得以发展。在基础教育阶段尤其重视身体健康、社会情绪、文化艺术、文字沟通、学习方法与认知、数字与数学、科学与技术等七个维度
欧盟	核心素养是指一个人要在知识社会中自我实现、社会融入及就业所需的素养，其中包括知识、技能与态度。欧盟明确界定了终身学习的八大关键素养，涵盖母语沟通、外语沟通、数学能力与科技素养、信息交流、主动与创新精神、学会学习、社交与公民素养、文化意识和表达。
美国	核心素养主要指所有学生或工作者都必须具备的能力，其发展目的在于培养具有 21 世纪工作技能及核心竞争力的人，确保学生从学校所学的技能能够充分满足后续大学深造或社会就业的需求，成为 21 世纪称职的社会公民、员工及领导者。21 世纪技能联盟提出的核心素养包括生活与职业生涯技能，学习与创新技能，信息、媒体与科技技能等
英国	核心素养是指为了适应将来的生活，年轻人需要具备的关键技能及学习、生活和工作所需的资质

续表4-1

国际组织/ 国家/地区	核心素养概念的界定
法国	基于工作内容分析提出，核心素养是构建终生学习的基础，与知识、技能和社交能力三个方面密不可分
澳大利亚	核心素养是学生终身发展所需要的能力，是学生在终身学习和工作中所必需的解决问题的方法和能力及在社会中交往的能力，强调核心能力的普遍适用性，不易因科学技术进步而过时或淘汰
德国	从职业教育中发展起来，核心素养是指那些与特定的专业技能不直接相关的知识、能力和技能，是在各种不同场合和职责情况下做出判断选择的能力，是胜任人生生涯中不可预见的各种变化的能力

资料来源：辛涛．核心素养与课程改革［R］．北京：第一届中华运河文化教育高峰论坛，2016-4-15.

表4-2　经济合作与发展组织的核心素养内容

一级指标	二级指标	具体内容
能互动地使用工具	1. 互动地使用语言、符号与文本的能力	有效运用口头和书面语言、计算及其他数学能力
	2. 互动地使用知识与信息的能力	鉴别自身未知领域、识别信息的来源，并对其进行个人批评
	3. 互动地使用科技的能力	在平时生活与学习中注意使用技术手段，运用信息与通信技术获得信息
能在异质社会团体中互动	1. 与他人建立良好关系的能力	从他人角度思考问题，有效控制自己的情绪
	2. 合作的能力	善于表达自己的观念，倾听他人的观点。构建持续发展团体的能力，协调的能力，综合信息做出决定的能力
	3. 管理与解决冲突的能力	在危机中分析问题与利益，识别共识与分歧，重新认识问题，按照需求与目标对问题进行排序解决

续表4-2

一级指标	二级指标	具体内容
能自主地行动	1. 在复杂大环境中行动的能力	分析形势，定位自己所处的情境，明确自身行为的可能后果，通过思考与集体的关联对自己行动做出选择
	2. 设计人生规划与个人计划的能力	制定计划，设立目标，鉴别已有及所需资源，平衡资源满足不同目标，通过反思来预测未来、监控过程，时刻准备调整
	3. 维护权利、利益、限制与需求的能力	了解所有权益，清晰社会规则，为了认定的需求与权利建立个人论点，提出建议或替代方案

资料来源：辛涛. 核心素养与课程改革［R］. 北京：第一届中华运河文化教育高峰论坛，2016-4-15.

表4-3　美国的核心素养内容

核心素养	指标	内涵
学习与创新素养	创造力与创新	在工作中展现创造和发明才能；能提出和实施新的想法，并把新想法传播给他人；对新的、不同的观点持开放的心态并积极回应；能实施有创意的设想，为发生革新的领域做出具体的、有益的贡献
	批判思维与问题解决	能运用正确的推理来理解事物；能做出复杂的选择和决定；能理解系统之间的相互联系；能提出并确定有意义的问题，以澄清各种观点，找到解决办法；能界定、分析和综合信息以解决或回答问题
	交流沟通与合作	能够用口头和书面的方式清楚有效地表达设想和观点；能展现与不同团队有效合作共事的能力；有灵活性，为了达到共同的目标愿意做出必要的妥协；能协同工作，共同承担责任
信息、媒介与技术素养	信息素养	能有效地获取有用信息，能批判地评估信息，能准确有创意地使用信息处理面对问题或事件；对信息获取和使用的道德和法律问题有基本的理解
	媒体素养	了解媒体信息的构成、目的、特点和惯例及使用的工具；研究如何以不同的方式解读信息，用正确的价值观看待信息而不被媒体的其他因素影响；对信息获取和使用的道德或法律问题有基本的理解。
	通信技术素养	合理使用数码技术、通信工具和用网络来访问、管理、整合、评估及创建信息，以便在知识经济中发挥功能；能将技术作为一种工具用于研究、组织、评估和沟通信息，并对围绕信息获取和使用的道德或法律问题有基本的理解

核心素养	指标	内涵
生活与职业素养	灵活性与适应性	能适应不同的角色和职责；能在复杂和多变的环境中能有效地工作
	主动性与自我导向	能监控自己的理解和学习需求；不满足于对基本技能和课程的掌握，探索和扩大学习，获得专业知识；展现想要提高技能以达到专业水平的主动性；在没有直接监督的情况下，能独立自主地界定任务、确定其优先顺序，并完成任务；能有效利用时间，合理安排学习；展现对于终身学习的信奉
	社会与跨文化素养	能与其他人和谐、高效地工作；能适时地利用集体的智慧；能接受文化差异、使用不同的视角，提高工作的创新性
	创作与责任	能设定并努力达到高标准、高目标，按时完成高质量的工作；展现勤奋和积极的工作态度
	领导与负责	通过人际交往和解决问题影响和引导他人朝着目标努力；利用他人所长，实现共同的目标；表现出诚信和道德的行为；行动富有责任心，铭记社会的总体利益

资料来源：辛涛. 核心素养与课程改革［R］. 北京：第一届中华运河文化教育高峰论坛，2016-4-15.

表4-4　新加坡的核心素养内容

维度	一级指标	内涵
价值观素养	尊重	相信自身价值和所有人的内在价值并展示尊重
	责任	意识到对自身、对家庭、对社群、对国家和整个世界的责任，并用自己的爱和承诺履行这份责任
	正义	坚持道德原则，有道德和勇气站出来支持什么是对的
	关怀	在日常活动中具有仁慈和怜悯的心态，为了建构更好的社群和世界做出自己的贡献
	适应力	当面对挑战时，在情绪上有韧劲并坚持不懈，显示出勇气、乐观和机智
	和谐	追求内在的快乐并促进社会的和谐，欣赏多元社会中的同一和差别

维度	一级指标	内涵
社交与情绪素养	自我意识	知道自己的情绪、优点、短处
	自我管理	有效管理自己的情绪，自我激励、克己自律、有很强的目标设立和组织能力
	社会性意识	准确辨别不同的观点，识别和欣赏差异，尊重他人
	人际关系	通过有效地交流建立和维持健康且有益的关系，与他人一起工作解决问题并提供帮助
	自我决策	适时地识别和分析处境，能基于个人的、道德的和伦理的考虑反思所做决策的能力
21世纪的特殊素养	公民能力、全球意识、跨文化素养	有更广阔的视野，并具备和不同文化背景的人一起工作和生活的能力，年轻人应该清楚民族问题……为这个社群做出自己的贡献
	批判与创造思考	作为未来的接班人，现在的年轻人需要有批判性地思考的能力，评估各种可能的选择并最终做出圆满的决策。有学习和探索的欲望，并且脱离开固定的思维模式。不害怕犯错误，面对挑战能勇往直前
	信息沟通技能	年轻人知道问什么问题很重要，如何过滤信息筛选相关的、有用的信息。对信息有辨别力，保护自己免受有害信息的伤害，在网络空间中践行伦理准则。能清楚并有效地传达他们的观点和看法

资料来源：辛涛. 核心素养与课程改革［R］. 北京：第一届中华运河文化教育高峰论坛，2016—4—15.

虽然发达国家、国际教育组织、发展中国家和地区对核心素养这个概念的表述各有侧重，但其相关性还是相当高的。

正是世界范围内的政治、经济、科学技术等的变化带动了教育理念的创新。核心素养理念给教育科研提出了探索和解释的要求。教育创新，必然要求并推动教育科研的创新。

3. 中国教育理念的演变：以改革开放四十多年为例

从20世纪80年代初期的"双基"到20世纪90年代的素质教育，到21世纪之后的"三维目标"到"核心素养"，再到"必备品格，关键能力"，每一个教育口号的提出总是与中国当时社会发展大势相呼应。

从概念上讲，"双基"指的是基础知识、基本能力；素质教育的"素质"根据《教育大辞典》关于"素质"的定义可知其指公民或某种专门人才的基本品质，如国民素质、民族素质、干部素质、教师素质、作家素质等，都是个人在后天环境、教育影响下形成的。① 它与素养有关联，但又不完全一致。素养强调由训练和实践而获得的技巧或能力。"三维目标"指的是知识与技能、过程与方法、情感态度与价值观等。② 而核心素养的概念显而易见，核心素养较之于三维目标，在改革的思想和方向上又前进了一大步。三维目标较之于"双基"，相对完整地反映和体现了学科的内涵和教育取向，核心素养则在这个基础上进一步凸显和强调学科的本质和育人价值。三维目标是教育由学科（知识）转向人的起点，核心素养则是关键的一部分，使教育真正回到人身上，是当前国际课程改的主旋律、最强音，③ 内涵是十分丰富的。素质教育在 20 世纪 80 年代主要指发展人的身心最基本品质的教育。

不难看出，在教育理念衍变的背后站立着时代巨人，是时代的变化发展促进了教育的变革与发展。

（二）教育实践及教育困境推动教育创新，从而带动教育科研的创新

教育理念的创新要求教育实践予以跟进，而教育实践与教育困境又会推动教育科研的创新，二者构成互动关系。如果这种互动是良性的，自然相得益彰；如果二者所构成的互动关系并非良性，自然就会相互制约，甚至会产生破坏作用。

当代困惑教育人的教育问题甚多，譬如，如何大面积提高农村地区教育质量？如何协调中小学阶段通识教育与英才教育之间的矛盾？如何解决学校知识学习与社会学习的关系？这些问题就需要教育实践者在实践中做出回应，理论研究者从理论上做出解释，通过以下三个案例，对教育实践与教育理论之间的关系有一个更清晰的认识。

---

① 顾明远. 教育大辞典［M］. 上海：上海教育出版社，1998：1494.

② 钟启泉，崔允漷，张华. 为了中华民族的复兴 为了每位学生的发展 基础教育课程改革纲要（试行）解读［M］. 上海：华东师范大学出版社，2001：169.

③ 余文森. 从"双基"到三维目标再到核心素养——改革开放 40 年我国课程教学改革的三个阶段［J］. 课程·教材·教法，2019，39（9）：40—47.

案例 4-1

北京市教育资源——分层分类，建不同功能的发展性实验室

1. 学科拓展类。诸如：数学（探究）实验室、计算数学重点实验室、高中物理多功能研究性实验室、化学创新教育实验室、生化分子实验室、高端地理实验室、地理与环境实验室、生态学重点实验室、水与生物综合实验室、全天候自动调节植物栽培实验室、水质学创新实验室。

2. 学生发展类。诸如：学生自主创新实验室、创新思维实验室、科技体验实验室、科技创新实践开放实验室、创新人才培养个性化探究实验室。

3. 高端科技类。涉及基础科学、高技术、资源环境、生命科学等领域。

4. 电子信息技术与虚拟实验类。诸如：智能交互实验室、数字与信息技术创新实验室、高端电子学数字化开放实验室、开放式计算机与信息学重点实验室。

说明：这些课程资源分层配置，其实就是基于社会发展需求进行的分配。

案例 4-2

北京某附中的试验

打破班级界限，选课制，学分制，小班教学（30 人），专业教室上课，强调小组讨论，合作学习，作业强调开放性分析与论证，批判性阅读和写作；过程性评价（模块课程、作业、课堂表现、结课考试成绩——学分认定、评价等级、积点）。

科学课程的上课和实验在同一专业教室进行，强调发现问题和试验探究；技术课程强调设计、流程与实践。

自主学习：7 个学生书院社区，4 个书院赛事和节日（书院戏剧节，舞蹈节、篮球赛、足球赛），社团俱乐部（银杏时报、创意媒体工作室、学长团）；全天候开放图书馆。

案例 4-3

北京某著名实验中学

人文方法课程：学习运用文献检索与使用、问卷编制与数据分析、田野调查、结构性访谈。

人文经典课程：引导学生研读经典，从经典中吸取能量。

科学探索课程：以中科院各研究所及其野外台站为活动基地，开展科学探索，内容包括动物学、植物学、微生物学、地质学、天文学等多学科领域。设计了东、西、南、北、中五条线路：南线——云南科学探索考察；北线——长白山科学探索考察；西线——内蒙古科学探索考察；东线——青岛科学探索考察；中线——合肥科学探索考察。

人文实践课程：著名财经专家带领学生开展对我国钢铁、纺织、造纸、中药制药等传统产业的转型研究，对人工智能、智能家居、电脑电视的产业发展突破方向进行研究，探究工业 4.0 领军中国经济转型的实现路径和政策选择。

跨学科教学活动：生物与数学、物理、化学等课程的结合。应用统计学方法（拟合优度检测），检测实验数据是否符合生物学基本原理。分析生物细胞内能量的转化方式，结合热力学定律学习生物体如何利用与转化能量。学习生命的化学基础，理解生命是物质的这一基本生物学概念。

毫无疑问，这些带有鲜明特色的教育实践活动必然会带动相关教育思想、教育理念、教学管理、教学方式的学习与研究，当现有的理论不能较好地解释这些来自实践中的问题，教学方法不能适应这些教育实践时，科研的创新必然就会积极跟进。实践与理性认知总是一个互动的、能动的过程。

（三）教育科研观念及方式的创新

教育科研作为一个自组织系统，系统内部的一个细节变化就会引发自身的裂变，如对科研功用认识的变化、研究条件的变化等引起科研方式的变革、创新，例如心理学作为一门学科的诞生，正是从冯特的实验方法的创立开始的。

科学研究传统上有定量研究范式与质性研究范式两种且相互排斥、对立的范式。2004 年，美国出现了混合方法研究，在随后的研究中，这种研究范式得到了认可并得到推广。这是科研范式变革推动科研创新的典型案例。

19 世纪至 20 世纪 60 年代，社会科学研究中占主导地位的是以实证主义为哲学基础的定量研究范式，但到了 20 世纪 60 年代以后，随着人类学、人种志的方法在社会科学中的应用、发展，以现象学、建构主义、解释主义为哲学基础的质性研究范式逐渐成为揭示社会现象、人类经验、客观事实的主要研究范式。这两种研究范式的非此即彼的争论不但夸大了定量研究与质性研究范式之间的区别，既阻碍了二者之间的交流与沟通，也影响了教育研究的质量。为此，一些学者提出了定量研究与质性研究范式可以相容、共处、同一研究中共同使用的观点，把混合方法研究作为教育研究领域的第三种研究范式。混合方法研究是指采用了一种以上的研究方法或掺和了不同研究策略的研究。它的功能在于力图解决定量研究与质性研究各自的不足，从而可以更为科学、客观、公正地揭开事物的真相，解释认知对象变化、发展的原因。①

在中国教育理论界，研究者往往更愿意进行理性的推理，从推理中去获得对世界的认知，即热衷于先验性的研究。

郑日昌等人通过统计 1981 年至 1998 年的文献发现，定性研究所占比例较大，实证研究所占比例较小。② 徐辉等人对 2000 年和 2001 年的《高等教育研究》中的 286 篇论文进行统计，结果表明我国教育研究的方法意识较淡薄，思辨倾向较严重；研究方法较单一，缺乏多元研究方法意识；研究方法落后，规矩意识不强。③ 丁学芳等人对人大复印资料《高等教育》1980 年至 2007 年刊载的所有论文进行统计后结果表明，在方法论层面上，定性和思辨方法的研究数量占 95.4%，定量和实证研究所占比例很小，但逐渐获得了更多的重视。④ 而张霄等人的研究结论是，实证研究总数较少且无明显上升趋势；实证研究方法单一；实证研究注重基本信息呈现，缺少反思；实证研究呈现静态化、封闭化等特征。⑤ 实际上，这与我国传统的、占主导地位的感性思维有关，也与人们的认识方式有关，更与培育这种思维模式的学术土壤有关。但是，人们也看到先验性研究所带来的认知局限，对教育实践所产生的影响力、指导力的局限，因此，要求实证研究的呼声也越来越高。2017 年，实证研究在中国教育理论界刮起一阵旋风，这可以看作教育研究范式发生变化的一个信号。

---

① 田虎伟. 混和方法研究——美国教育研究方法的一种新范式 [J]. 比较教育研究，2007（1）：12—17.

② 郑日昌，崔丽霞. 二十年来我国教育研究方法的回顾与反思 [J]. 教育研究，2001（6）：17—21.

③ 徐辉，季诚钧. 高等教育研究方法现状及分析 [J]. 中国高教研究，2004，（1）：13—15.

④ 丁学芳，周燕. 高等教育研究方法的演变——基于人大印复资料《高等教育》（1980—2007）的分析 [J]. 理工高教研究，2009，28（2）：22—27.

⑤ 张霄，王梦秦，夏盼盼，等. 我国教育领域实证研究的现状与反思——基于近十年六种教育期刊 1029 篇论文的统计分析 [J]. 上海教育科研，2017（9）：5—11.

第四节　问题创新的求证：以公共认知框架作工具

教育科研是认知实践，是思想活动。研究是提供新的认知、新的理论、新的方法。做不到这一点，研究就是没有价值的活动。因此，在提出研究命题时，就需要有研究价值，那么，如何评价命题是否有价值？从技术上讲，这就需要将问题纳入公共认知框架，在公共框架中去寻求公共意义，从而完成对认知对象的社会化认识，批判性思维在这里发挥重要的作用。

"依托主题阅读形式——小学高段整本书有效性策略研究""小学数学中段家庭作业布置策略优化研究""小学中段二十四节气笔记自然课程构建研究""小学数学中高段探究性作业的策略研究"等都是中小学教师提出的研究命题，这些课题源于教学实践的需要。研究者首先需要做的工作就是鉴定它们的创新程度，为后期的研究做相关准备。

"群众教育科研管理"是笔者的一个研究命题，它源自区域性中小学教育科研管理实践。下面是对"群众教育科研管理"在公共认知框架中展开后得到的认知。①

"群众教育科研"的提法发轫于 1980 年代初期的上海。吕型伟先生指出，"搞科研要有一定的群众性，不能为少数人垄断，或者说不能为少数人所专有，凡是有条件，有可能，有志于此的都应该也可以搞些科研"②。第一次提出科研的群众性问题。1992 年，张民生提出，上海要坚持在各级教育行政领导下，以专业科研组织和科研人员为核心，以广大教师为基础的群众性教育科学研究的正确道路。③ 到 2012 年，署名文章进一步指出"上海普教科研的一条基本经验是开展群众性教育科研"④。而在 2006年，顾明远先生在全国性大会上也肯定了"开展群众性的教育科研活动"

---

① 何晓波. 群众性教育科研管理的内在价值及其实现策略［J］. 教师教育学报，2016，3（4）：81—89.

② 转引自陈泽庚. 群策群力　再创辉煌——对继续发展群众性教育科研的几点认识［J］. 上海教育科研，1995（12）：21.

③ 陈泽庚. 群策群力　再创辉煌——对继续发展群众性教育科研的几点认识［J］. 上海教育科研，1995（12）：20.

④ 杨太清. 引领群众性教育科研不断前行——中国教育学会"十一五"教育科研工作会暨成都市青羊教改实验区现场会综述［J］. 中国教育学刊，2006（11）：73—78.

是教育学会的重要任务。^① 由此可知，早在 21 世纪初，群众教育科研的提法与实践就已经被专家所认可。在 2016 年新修订的《中国教育学会教育科研课题管理办法（试行）》中再次明确指出，要"有组织有计划地推动群众性教育科研"。^②

根据现有的文献资料和群众科研实践……将"群众教育科研"定义为"在教育行政部门领导之下、以广大中小学教师为主体的教育科研活动"……

由此推之，群众教育科研管理就是对以群众教育科研活动为对象的组织、引导、矫正和激励的过程，是运用决策、计划、组织、控制等基本管理职能，发挥人力、财力、物力、时间、信息等要素的效能，完成群众科研任务的活动。

将新的认知放入公共认知框架是为了确定学术边界，如果不在公共认知框架中进行鉴别、确认，就无法对"群众教育科研管理"这一提法做出恰当的学术解释与判断。

中小学教师出于认知习惯等方面的限制，一般较忽略这项工作，这里有主观认知与客观实践两个方面的牵制：从主观认知来讲，中小学教师没有将文献检索这一重要的研究方法上升到思想层面，更多的是从自我认知出发，陷入自我论证的认知怪圈；从实践层面来讲，因为没有受过文献研究的专业训练，或因语言工具的不熟练，缺乏文献研究能力。若能解决这个问题，有利于解决中小学教师思想认知层面的提升，也有利于帮助中小学教师进行技术层面的训练、学习，还需要课题承担单位提供一定的研究条件，如划拨一定的研究经费，等等。从学术研究的视角来讲，中小学科研如果能够在科研实践中及在日常认知实践中善用"公共话语框架"这一认知工具有利于提升中小学教师的科研品质。

第五节　问题呈现

命题即课题名称，是研究者研究思想、研究方法及研究对象、研究范围的

---

① 汤林春. 群众性教育科研的坚守与创新 [J]. 上海教育科研，2012 (11)：卷首语 1.
② 中国教育学会. 中国教育学会教育科研课题管理办法（试行）（2016 年 3 月修订）[S]. 2016.

理性表达。在中小学科研申报方案中，存在命题陈旧、研究范围宽泛、研究对象不明确、研究方法不清晰等现象，这些情况直接解构了命题的科学性。问题呈现有逻辑学和修辞学两个角度，需要站在艺术与科学的交会处去审视。

逻辑学有三个层面的含义：一是对命题有基本要求，选题要新颖，有深度；二是要明确研究主体、研究范围、研究内容、研究方法；三是对研究条件有限制性要求，如研究者的身份、学力、操作能力及外部条件，这个隐性要求潜藏在命题之外。修辞学要求语言的准确、朴素、流畅、可读。

案例 4-4

中小学课堂教学提问与教学效果的函数关系研究

研究范围：中小学课堂教学；研究内容：教学提问与教学效果的函数关系；研究主体：中小学教师以及课程论研究者；研究方法：混合研究。

对研究方法的解释："函数关系"是一种因果关系，需要对两者进行关联研究，不仅仅要说理，更要用数据说话，用事实说话。因此，需要将质性研究与量化研究结合起来进行研究。

案例 4-5

童心教师"三阶段"培养模式研究

研究范围：童心教师（小学教师）；研究内容："三阶段"培养模式；研究主体：学校管理者；研究方法：行动研究法。

对研究方法的解释：模式建构是一种关于实践价值取向的研究，由此可以推断其研究方法是行动研究法。

案例 4-6

七年级语文学科思维训练校本课程开发研究

研究范围：七年级语文学科思维训练；研究内容：思维训练校本课程开发；研究方法：行动研究；研究主体：学校管理者。

对研究方法的解释：开发性研究本质上是行动研究。

下面，我们再举几个例子从另一个角度来看看应该如何进行问题的呈现。

案例 4-7

运用 SoLo 分类评价理论提高小学数学教师课堂提问有效性的策略研究

研究范围：小学数学课堂；研究内容：提问有效性策略；研究主体：小学数学教师；研究方法：行动研究。

问题分析：这个命题的主要问题是语义重复，表述不简洁。一般而论，课堂教学提问的实施者是教师，因此，在命题中出现"教师"的表述属于语义的重复。

案例 4-8

基于中国传统文化的学科主题单元整合研究

研究范围：基于中国传统文化的学科主题单元；研究内容：学科主题单元整合；研究主体：教师；研究方法：行动研究。

问题分析：如何将传统文化与学科教学有机结合起来对学生进行传统文化教育，这是一个很有意义的时代话题。这个命题的问题在于，第一，从命题中看不出学科特点；第二，传统文化是一个包容性极强的概念，内涵十分丰富，选择的角度也很多，该命题应该从哪个角度切入学科主题单元？第三，主题单元本身也是一个宽广的概念，这样表述也显得很泛，缺乏明确的针对性、鲜明性和特色性。

案例 4-9

农村职业中学教学质量监控体系的研究

研究范围：农村职业中学；研究内容：教学质量监控体系；研究主体：学校管理者；研究方法：不明晰。

问题分析：主要是研究范围太宽泛，不符合研究者的身份与条件。

案例 4-10

学校德育整合式生态课程研究

研究范围：学校德育；研究内容：整合式生态课程；研究主体：学校

德育管理者；研究方式：行动研究。

问题分析：这个命题从立意上看，针对学校德育实践的现状，提出改进的实践路径，因此具有积极意义。但是，这个命题经不起严谨的推理，导致在认知上易造成困惑、实践上易造成难度。研究这个命题需要检视下列几组关系：第一组，学校德育与整合式生态课程的关系；第二组，整合式与生态课程的关系；第三组，共性与个性的关系；第四组，继承与创新的关系。对第一组关系而言，学校德育与整合式生态课程是否属于子集关系？学校德育将会包含整合式生态式课程，而这两者在实践形态上应该是不一致的，价值取向也不完全一致，势必在认知与实践上产生矛盾。对第二组关系而言，生态课程以生态学、教育生态学为理论视角，以自然、多元、和谐、发展为价值取向，而整合式是一种借助外力进行资源配置的方式，带有强力色彩，这两者之间又该如何协调？对第三组关系而言，这个课题放在任何一所学校都可以进行实践研究，缺乏鲜明的个性。对第四组关系而言，如何继承与创新，这是一个实践价值取向的德育命题，但却是一个难以创新的命题。

通过以上案例分析可知，一个优秀的研究，需要通过逻辑学与修辞学的运用呈现研究问题，使研究问题得到更好的呈现。

第五章　方法创新

第一节　方法思辨

一、方法、范式及交叉运用的观点

方法是为达到某种目的而采取的途径、步骤、手段等。科研方法就是为达到某个研究目的而采取的途径、步骤、手段等。研究方法是一个概念框架，是系统的研究工具。其层次为：顶层为方法论，属哲学范畴；中间层为学科研究方法；基础层为具体的研究方法。

到目前为止，科研有三种公认的研究范式：定性研究、定量研究与混合方法研究。三种研究范式各自具有不同的研究功能，以适应不同的研究领域及特定的对象。"定量研究的意义在于通过搜集、整理和分析事实与数据，呈现事实的发展状态和因素间的关系，从具有价值性、复杂性的教育事实中获得对事物量化的、确切的认识。而定性研究的意义在于观照教育活动的价值性、文化性和境遇性，解释、批判和反思教育理论和教育实践，可以为事实和数据提供更加生动、丰富、动态的诠释。"① 而混合方法研究目前在我国尚处于起步阶段，而且需要对定性研究与定量研究各种方法能熟练运用，才能有效研究这种研究范式。因此，在本书中不具体介绍这种研究范式。

在我国中小学科研实践中，定量研究受到的重视程度远远不够，定性研究因倾向于思辨、主观描述而受到青睐，混合方法研究尚处于起步阶段。由于方法上的不完善及认识上的偏颇，对科学研究是极为不利的。人的认知难免影响

① 范涌峰，宋乃庆. 教育研究科学化：限度与突破［J］. 教育研究，2016，37（1）：98—99.

其主观性，以主观感受代替其客观认知，难免会走向事实的反面。

美国芝加哥大学行为金融学家理查德·泰勒在研究美国资本市场投资者的"过度反应偏差"时发现，人们对坏消息反应过度，对好消息反应迟钝，于是出现"短视"等非理性行为。他的结论是大多数投资者不看月报的投资效果会更好。[①] 对于这个结论，泰勒做了量化研究。他将纽约证券交易所所有股票按照过去五年的表现进行凹陷最差排列，挑选出 35 个表现最优的和 35 个表现最差的，组成一个 70 只股票的模拟组合，然后跟踪该组合五年，发现那个"最差"组合在 40％的时间里，领先于"最佳"组合。

上面这几个来自心理学或经济学的研究案例非常深刻地揭示了人的主观性对人的认知的影响，及运用多种研究方式对提高正确认知度的重要性。

中小学教师应在教学过程中强调方法选择的多样性，努力克服研究中的主观偏见，因为教师很难不带偏见地、超越一切地观察他们的教学。每当教师教会学生学习判断，就是教师对自己的馈赠。在教师评估教学时非常信赖自己的观察，并且只观察他想观察的——那些能够为其带来积极强化的。教师不自觉地成为选择性的观察者，教学评价的真实性就成了问题。[②]

二、研究方法与适切性

关于研究方法的划分在理论界也是众说纷纭。钟秉林等人认为，调查法、统计法是以量化分析为主的实证研究方法。分析法、文献法、历史法、比较法、调查法、统计法、个案分析法和其他方法是以思辨为主的定性研究方法。[③] 也有学者认为，实证研究包括调查研究、二次分析、实验研究、内容分析、个案研究、观察研究、叙事研究、田野研究、行动研究、扎根理论、话语分析、民族志等。[④]

从学理上说，每种范式之下都有很多具体的方法，如文献法、观察法、行动研究法、经验总结法、个案研究法，就属于定性研究的方法；而数据分析

① 罗伯特·G. 哈格斯特朗. 查理·芒格的智慧——投资的格栅理论［M］. 郑磊，袁婷婷，贾宏杰，译. 机械工业出版社，2015：108－110.

② Peter W. Airasian. 课堂评估：理论与实践［M］. 钟启泉，赵中建，主编. 徐士强，等译. 华东师范大学出版社，2008：140.

③ 钟秉林，赵应生，洪煜. 我国高等教育研究的现状分析与未来展望——基于近三年教育类核心期刊论文量化分析的研究［J］. 教育研究，2009，30（7）：14－21.

④ 张霄，王梦秦，夏盼盼，等. 我国教育领域实证研究的现状与反思——基于近十年六种教育期刊 1029 篇论文的统计分析［J］. 上海教育科研，2017（9）：5－11.

法、影像分析法等就属于定量研究的方法；混合研究则把定量与定性的研究方法进行有机地整合。因此，在选择研究方法的时候，一定要明白该方法所属的范式。

中小学教育科研常见的问题是在方案上的很多方法都没有个性，缺乏针对性，在实际教学中也较少按研究方法贯穿课堂全过程。

案例 5-1

课题：云平台在英语教学中的运用

方法：本课题研究以行动研究法为主，在具体的教学实践中边研究、边总结、边整改，在行动中研究，在研究中行动。

案例 5-2

课题：基于教师工作情境的校本研修实践研究

方法：本研究是在一所大型城市学校新建小学进行的行动研究，行动研究一般的步骤是"问题—计划—行动—反思"。因此，本研究将从深度调研入手，采取问卷、座谈、行为观察等方式切实把握本校教师在专业生活与专业学习中存在的问题，着重明晰嵌入教师工作情景中的学习方式有哪些，每种学习方式存在何种不足，深刻剖析其原因，在此基础上，根据校本研修三要素（实践反思、同伴互助、专业引领）提炼出教师专业实践"自主性、合作性、研究性"三方面的品质要求，分别提出改进策略。然后根据相关策略实施改进行动，并在即时评估与反思中调整和优化这些行动。

案例 5-1 对方法的描述是普适性的，表义上没有错误，但读者却并不能从这些文字表述中获得如何进行行动研究的确切信息。案例 5-2 对该研究中的行动研究的描述不仅趋于表象化，也没有遵守同一律，表义不确定。行动研究首先要明确研究情境中的问题。案例 5-2 中，问题是教师校本研修的非嵌入情景的种种表现。在明确问题之后，就要针对这些问题进行整体设计，提出解决问题的具体策略和方法。第三步就是制订策略实践。对策略实践效果的反省就是反思。反思并不是行动研究的终结，而是新的起点。省视原因，修正方案，再次实践，直到问题的解决。如果问题没有解决，新一轮研究又开始了。研究的内在逻辑规定了研究方法与研究目标的一致性。

将小朋友掉进大水缸里作为研究情景，研究问题是"如何在最短的时间内救出落水的小朋友"？可以采用哪些方法？教师引导学生回忆一下曾经经历过的类似事件，叫经验总结法；翻开手上的故事书、绘本之类，看看能不能找到一个救人的法子，叫文献研究法；有人抓起一块石头猛砸水缸，成功地救出了落水的小朋友，他使用的方法就叫行动研究法。在这里，行动研究法的具体含义就是用一块石头猛砸水缸。研究方法与研究问题保持了一致性，适切、具体、可操作、有效果。

可见，解决中小学教育科研研究方法缺失问题的关键是研究者要真正明白自己需要解决的问题是什么，用怎样的方法才能够解决这个问题，所以，方法运用的基本原则是方法与问题的一致性；方法与问题解决的适切性。方法为求证论题服务、贴切、具体、可操作、有效果。

第二节　文献法

文献法主要指搜集、鉴别、整理文献，并通过对文献的研究，形成对事实科学认识的方法，因为它不直接参与和接触具体活动，故又称非接触性研究方法。

文献法在研究中具有重要意义。首先，它要鉴别研究的对象是个人意义还是公共意义。一般来说，能够引发研究过程的问题不是认识上的困惑，就是实践上的阻障，但是，困惑和阻障应该是一个领域的人们共同面临的，文献研究法能够帮助研究者去鉴别这一点。其次，就是促进认知的延伸，将研究者的认知领向更深远、更广阔的视野，建构研究的认识基础。

文献根据形式、性质、用途等，有不同的分类。按照编辑出版的不同形式分类，文献可以分为图书、期刊、报纸、科研报告、会议文件、学位论文、政府出版物、档案、统计资料、内部资料等。按照文献资料的形式分类，文献可分为文字文献、数字文献、图像文献和有声文献四类。按照对文献内容的加工程度分类，文献可以分为零次文献、一次文献、二次文献、三次文献。按照文献载体形式和记录手段分类，文献可分为手工型、印刷型、微缩型、机读型、声像型等。此外，文献还可按学科领域划分为社会科学文献、自然科学文献、综合型文献；按密级划分为公开文献、内部文献和秘密文献等。文献资料搜集的方法主要有以下五种。

第一，检索法。检索法是利用已有的检索工具寻找文献资料的方法，分为有机检索和手工检索两大类。手工检索是一种先利用检索工具书确定所需文献的具体篇目，然后再进行查找的方法。这种方法适合搜集存于图书馆系统的文献。现在，也可以用计算机检索。

第二，追溯法。追溯法也称参考文件查找法，即利用某一文章、专著末尾所开列的参考文献目录，或者文章、专著中提到的文献，追踪查找有关文献资料的方法。

第三，专家咨询法。专家咨询法指向熟悉有关文献或文献检索工具书的人说明自己所需文献的类别范围，请他们指点门径进行查找的方法。

第四，上网查找法。上网搜集资料方便、快捷，且内容广泛，只要调查者输入自己想要查找的内容，马上就能查到相应的资料，但是网上搜集到的资料难以系统、全面，质量也难以保证。

第五，积累整理法。这是针对中小学教师收集零次文献的方法，如教案、听课笔记、观察量表、教学反思、学生作业、教学录像等。

文献搜集是一个艰苦的资料整理过程，既是研究的重要前设条件，也是研究的准备、引导和检视，所以，"搜集资料决不能偷懒，决不能偷工减料，形象的说法就是要有竭泽而渔的魄力"。[①]

收集文献需要注意遵守约定成俗的规定性：搜集文献资料要紧紧围绕课题进行，搜集的文献资料要尽可能的丰富，需要尽量搜集原始的文献资料，注重对搜集文献资料的鉴别。

文献研究有以下几个步骤：确定研究问题并拟定研究计划，收集和评价文献，综合分析文献内容，形成结论。

季羡林先生在介绍陈寅恪先生治学时说，他（陈寅恪）"把有关资料用眉批的办法，今天写上一点，明天写上一点，积之既久，资料多到能够写成一篇了，就从眉批移到纸上，就是一篇完整的文章"[②]。这是一个典型且生动的文献研究案例，融合了上文提及的文献研究的四个步骤。

文献研究的目的在于提出新材料、新思想。忽视文献研究对研究者和研究本身来说都是十分遗憾并极为不利的。要发挥文献的研究功能，需要对收集到的文献进行综述，否则，文献就成了故纸堆。

所谓文献综述（literature review），是对目前为止的、与某一研究问题相关的各种文献进行系统查阅和分析的行为，或者说，是一个系统地识别、寻找、考察和总结与研究有关文献的过程。文献综述分为完整的、可直接发表的

① 季羡林. 季羡林谈读书治学 [M]. 北京：当代中国出版社，2015：28.
② 季羡林. 季羡林谈读书治学 [M]. 北京：当代中国出版社，2015：30.

文献综述及学术（学位）论文中的文献综述两大类。

文献综述是一项具有连续性的研究工作。这体现在文献综述与研究问题二者之间的关系上。研究者提出的研究问题往往是以质疑现有研究成果的结论为基础和前提的，因此，要找到一个值得研究的问题，研究者必须对相关研究领域的现有成果进行系统的梳理和分析。把文献综述与所要研究问题联系起来，实现二者之间的有益互动。

文献综述不仅帮助我们理解已经发生的认知进展，更重要的在于帮助我们确定研究问题的价值和方向。一方面，研究者进行综述需要靠研究问题的指引，否则就不知道该收集什么资料，也无从进行深入的文献阅读。另一方面，研究者只有经过文献综述，才能使问题的提出更加准确、适当，并对不适当的问题做出调整。

关于文献综述的撰写需要遵循基本的原则，希尔斯曼提出了以下主张。

第一，尊重文献。研究者不仅是新知识的创造者，也应是旧知识的保护者和传递者。应该对早期研究表示尊重，不能切断自己的研究跟早期研究成果之间的关联。所谓"学术性"，就是既要"尊重"前作，也要提出自己的观点。第二，焦点明确与批判性。学术知识意味着对知识的推进。只有以明确的焦点和批判的眼光处理所读文献才可以做到知识推进。第三，避免仅作描述。写文献综述的时候，要避免写成不带有任何深刻批判性的文献大意。批判可以使你以另一种方式看待世界。①

文献综述主要包括文献概述、研究内容分析、目前研究的不足等几个组成部分。文献概述主要是对查找文献时所使用的关键词、文献数量和出处等问题进行总体性介绍。

研究内容分析是文献综述的重要内容。研究文献的内容分析一般采用"总—分"的形式，即先总结当前研究所包含的主要方面，然后对此分别进行阐述和说明。在进行内容分析时，研究者要注意指出并总结已有研究中具有代表性的核心观点，如果这些研究的角度和方法值得借鉴，也可以一并指出。文献综述错误的写作方式是，将其写成罗列一系列研究报告及个别研究发现的摘要，缺乏"批判性"，寻找针对性结论是提高批判性的重要方法。寻找问题进展和不同观点间的差异；寻找这些差异产生的原因；评论它们的贡献；总结主流趋势或一般性问题；说明研究问题和上述一般性问题的关联；通过比较，阐

---

① 路阳. 社会科学研究中的文献综述：原则、结构和问题 [J]. 社会科学管理与评论，2011 (2)：69－75＋112.

明自己研究问题的新异、特点和价值。文献综述"语言"的标准就是保持"客观性"。对待其他研究者的成果的评判必须要具有公正的态度，避免使用主观化的语言。[①]

第三节　调查法

调查法，指在相关理论指导下，通过运用列表、问卷、访谈、个案研究以及测验等科学方式，搜集相关问题资料，从而对事实现状做出科学分析认识并提出具体工作建议的一整套实践活动。

教育科学的调查法通常指问卷法、访谈法、观察法和测查法。

调查法的一般步骤如下：第一，确定调查题目。调查题目是课题内容的高度概括。准确的调查题目，可以提示课题，反映调查价值、调查目的、调查范围。第二，明确调查目的。目的要明确、具体，并应有较高的实用性和一定的超前性。第三，确定调查对象。第四，确定调查手段与方法。编制调查表或问卷、访谈和观察的提纲，或测试题。第五，确定调查步骤与时间安排。第六，开展调查。第七，统计、分析数据。第八，撰写调查报告。

一、问卷法

问卷调查是书面提出问题、搜集资料的一种研究方法。研究者将所要研究的问题编制成问卷，请被试者填答，从而了解被试对某一现象或问题的看法和意见。其优点是费时少、调查面广、适用于不愿披露姓名的人或不愿面对面交谈的人，方法灵活，便于统计、整理，从结果上可以看出整体趋势。但可能限制被试者的思维，搜集的资料可能是表面的，不能深入了解被试者内心世界的真实情况。如果部分调查对象不回答，也难以知道其不回答的原因，因而会影响问卷的效度。

传统上问卷以纸质为主，但随着网络技术的成熟与广泛运用，网上问卷形式日渐普遍。问卷的编制是问卷调查成功与否的重要前提。

---

① 路阳. 社会科学研究中的文献综述：原则、结构和问题 ［J］. 社会科学管理与评论，2011（2）：69－75＋112.

（一）基本准则

问卷题目的编制是一个简明的过程，除要求提供背景或统计信息外，其余题目要与研究的问题、假设直接联系；避免使用术语、行话；在一个题目中只准包含一个问题；防止使用导向性问题；避免会对答卷人带来社会或职业压力的问题；避免问个人的或者微妙的问题；所提问题应该是答卷人能够回答的问题；要能使答卷人读懂题目；题目尽量短一些；当收集定量信息时，要求回答明确的数量而不是平均数；题目的选择答案应该是可以穷尽的，选项具有排他性；尽可能避免使用否定性题目和双重否定。

（二）基本格式

问卷一般分为封闭型和开放型两种，但也可采取将二者结合的方式，即半封闭型结构。封闭型的问卷要求回答人从两个或多个答案中选择；开放型的问卷要求被试者自定答案；而半封闭结构问卷，既有答案的选择，也有答题人自定的答案。

封闭型问卷，一般采用李克特量表。李克特量表是一种带有顺序度量数字的量表。在一系列的有关答案中，一个答案对应一个数字点。当统计结果时，给这些点指派从1～5或从0～4的数值，然后把有关同一问题或主题的所有题目的总得分相加。

问卷结构由三个部分组成，一是前言，二是答题人信息，三是题目。如果要进行开放型问答，需要将这部分内容放置在选答题之后。这里，特别要强调前言的撰写。前言是问卷调查的重要组成部分，它是向被试者介绍问卷并鼓励其作答的工具。第一，文字应直截了当，阐明调查的目的和潜在价值，并说明个体参与的重要性。研究人员要向答题人保证，他的所有答案都不会被泄露。第二，指明作答的步骤。

问卷调查结束后，形成分析报告。

案例5-3

"双减"时代学校发展现状与需求调研问卷
（学生卷）

亲爱的同学：

你好！为进一步了解学校推进"双减""五项管理"情况，了解教育新动态下学校发展现状和发展需求，从而为学校发展、政府教育决策提供事实依据，我们特设计了本问卷。本问卷为匿名，仅作研究之用。十分感谢你的支持！

第一部分　基本信息
（在相对应内容后面打钩）

1. 你所在学校类型_____
(1) 小学　(2) 初中　(3) 九年一贯

2. 你所在学校区域_____
(1) 城区学校　(2) 城镇学校　(3) 乡村学校

3. 你所在学校学生数_____
(1) 300 人以下　　　　(2) 301~1000 人
(3) 1001~2000 人　　　(4) 2001 人及以上

4. 你所在年级_____
(1) 3~4 年级　　　　　(2) 5~6 年级
(3) 7~8 年级　　　　　(4) 9 年级

5. 你在班上所任职务_____
(1) 班长　(2) 副班长　(3) 团支书　(4) 中队长　(5) 都不是

6. 你在学校团队所任职务_____
(1) 大队长　(2) 副大队长　(3) 团委干部
(4) 学生会干部　(5) 都不是

7. 家庭经济主要来源_____
(1) 工资收入　(2) 经商所得　(3) 农业收入　(4) 打工赚钱

第二部分　思想品德

1. 你对校园欺凌的看法是_____（单选）
(1) 无所谓　　　　　　(2) 厌恶
(3) 青少年的恶作剧　　(4) 没有看法

2. 你对下列哪些行为习惯不满意：_____（可多选）
(1) 随意迟到早退　　　(2) 待人无礼貌
(3) 不讲清洁卫生　　　(4) 抄袭同学作业

（5）欺压同学　　　　　　　　（6）炫富

3. 你心目中的好老师是：_____（可多选并排序）

（1）热情，公正　　　　　　　（2）教学水平高

（3）热情，幽默，有学问　　　（4）做学生的好榜样

（5）不知道

4. 你最不喜欢的老师是：_____（可多选并排序）

（1）只喜欢成绩好的同学　　　（2）只喜欢家庭经济条件好的同学

（3）只喜欢有家庭背景的同学　（4）冷漠，没有爱心

（5）权威化身　　　　　　　　（6）待人刻薄，不公

（7）教学能力差

5. 你参加劳动的情况是：_____（可多选并排序）

（1）每周参加一次班级的清洁大扫除

（2）每周都要参加一次家务劳动

（3）每学期都要参加学校组织的社会公益劳动

（4）寒暑假也参加社区组织的公益劳动

（5）偶尔参加以上活动

（6）一次也没有参加过

6. 如果第5题选择了（1）（2）（3）（4），请继续选择你最喜欢的劳动：_____（多选）

（1）家务劳动　　　　　　　　（2）农业种植

（3）手工制作　　　　　　　　（4）科技小制作

（5）公益劳动　　　　　　　　（6）职业体验

7. 你产生过心理焦虑吗？_____（单选）

（1）是　　　　　　　　　　　（2）否

8. 如果第7题选择了（1），请选择你焦虑的原因：_____（可多选并排序）

（1）学习成绩不好　　　　　　（2）体质健康不达标

（3）家长不关心我　　　　　　（4）同学常欺负我

（5）老师无视我　　　　　　　（6）看不清方向

（7）不清楚

9. 如果第7题选择了（1），你焦虑的程度：_____（单选）

（1）深度焦虑　　　　　　　　（2）适度焦虑

（3）偶尔焦虑　　　　　　　　（4）需要看心理医生

10. 如果第7题选择了（1），有人关注你的焦虑吗？_____（单选）

(1) 有   (2) 没有

11. 如果第10题选择了（1），请选择关注方式：_____（单选）

(1) 班主任谈话疏导   (2) 心理健康教师辅导

(3) 家长与自己交流   (4) 心理医生咨询

(5) 社会救助

12. 你最崇拜的人是：_____（单选）

(1) 明星网红   (2) 英雄人物

(3) 科学家   (4) 政治家

(5) 普通劳动者   (6) 老师

(7) 父母   (8) 自己

13. 班主任与你家庭互动的主要方式是：_____（可多选并排序）

(1) 学校公众号、班级钉钉（QQ、微信）管理群、电话等

(2) 每学期一次的家访

(3) 家长到学校作个别交流

(4) 家长会

14. 请写出学校的校风校训。（填空题）

校风校训：_____

15. 请用一句话描述你心目中的学校。（简答题）

心目中的学校：_____

第三部分   和谐发展

1. 你每天的睡眠情况是：_____（单选）

(1) 8小时及以上   (2) 7小时

(3) 6小时   (4) 5小时

2. 你的视力状况：_____（单选）

(1) 达标   (2) 轻度超标

(3) 严重超标   (4) 不清楚

3. 你最喜欢的学校公共空间是：_____（单选）

(1) 教室   (2) 运动场

(3) 图书室   (4) 功能室

4. 你最喜欢的学科是：_____（多选并排序）

(1) 语文　　(2) 数学　　(3) 物理　　(4) 化学　　(5) 英语

(6) 音乐　　(7) 美术　　(8) 体育　　(9) 综合实践　　(10) 生物

(11) 地理　　(12) 道德与法治　　(13) 历史　　(14) 都不喜欢

5. 你最喜欢的校园活动是：_____（多选并排序）

(1) 团队活动　　　　　　　　(2) 心理健康辅导

(3) 文化课学习　　　　　　　(4) 校园文艺

(5) 大课间　　　　　　　　　(6) 课后服务

6. 你最喜欢的校本课程是：_____（可多选并排序）

(1) 学科类拓展型课程　　　　(2) 社会实践活动类课程

(3) 心理健康辅导类课程　　　(4) 体育竞技类课程

(5) 科技发明探索类课程　　　(6) 艺术类课程

(7) 生活技能类课程　　　　　(8) 学校劳动课程

(9) 都不喜欢

7. 如果第 6 题选择了 (9)，原因是：_____（单选）

(1) 自己不喜欢　　　　　　　(2) 没有特色

(3) 需要缴费　　　　　　　　(4) 负担太重

8. 你最喜欢的教学方式是：_____（可多选并排序）

(1) 教师讲授　　　　　　　　(2) 自主探究

(3) 小组合作　　　　　　　　(4) 项目学习

(5) 线上线下混合　　　　　　(6) 自主学习

(7) 都不喜欢

9. "双减"后，你参加过以下哪一项学习活动：_____（可多选）

(1) 网络学习　　　　　　　　(2) 网络考试

(3) 网络作业批改　　　　　　(4) 网络学习资源编辑

10. "双减"后，你们的作业形式是：_____（多选）

(1) 书面作业　　　　　　　　(2) 口头作业

(3) 书面与口头结合　　　　　(4) 社会实践

11. 如果第 10 题选择了 (1)(2)(3)，每天作业平均完成时间：__
_____（单选）

(1) 30 分钟　　　　　　　　(2) 60 分钟

(3) 90 分钟　　　　　　　　(4) 90 分钟以上

12. "双减"后，学业负担加重还是减轻：_____ （单选）

(1) 更加严重   (2) 加重

(3) 减轻   (4) 没有变化

13. "双减"后，学校课后延时服务的主要内容是：_____ （可多选）

(1) 完成作业   (2) 讲授新课

(3) 辅导答疑   (4) 科普活动

(5) 兴趣小组活动   (6) 社团活动

(7) 文体活动   (8) 劳动

(9) 阅读

14. "双减"后，提供课后延时服务的老师是：_____ （可多选）

(1) 科任教师   (2) 学校聘请的退休教师

(3) 志愿者   (4) 有资质的社会专业人员

(5) 教委委派的其他学校优秀教师

15. 你对课后延时服务的真实感受是：_____ （可多选）

(1) 有益于学生学业的进步   (2) 有益于学生综合素质的提高

(3) 我看不到好处在哪里   (4) 家长不再管我的学习了

(5) 农村学校不适合

16. "双减"后，教学质量与过去相比：_____ （单选）

(1) 有明显提高   (2) 有一定提高

(3) 效果不明显   (4) 比过去差

17. "双减"后，你的课外阅读情况是：_____ （单选）

(1) 没有时间阅读   (2) 不知道怎样阅读

(3) 每天阅读 30 分钟以上   (4) 只是完成阅读作业

18. 如果第 17 题选择了 (3)，你在课外阅读的书籍类型是：_____

（可多选并排序）

(1) 文学读物   (2) 科普读物

(3) 政治读物   (4) 军事读物

(5) 历史读物   (6) 娱乐读物

(7) 生活读物   (8) 网络读物

19. "双减"后，你参加过哪类校外培训：_____ （可多选）

(1) 学科类   (2) 体育类

(3) 艺术类   (4) 社会类

(5) 实践类   (6) 心理类

（7）无

20．如果第 19 题选择了（1）（2）（3）（4）（5），你对参加课外培训的态度是：＿＿＿＿（单选）

（1）喜欢　　　　　　　　　　（2）被迫

（3）无所谓　　　　　　　　　（4）厌恶，但没有办法

21．"双减"后，你的获奖情况是：＿＿＿＿（单选）

（1）学校奖励 1 次及以上　　　（2）区级奖励 1 次及以上

（3）市级奖励 1 次及以上　　　（4）国家级奖励 1 次及以上

（5）0 次

22．如果第 21 题选择了（1）（2）（3）（4），请继续选择获奖类型：＿＿＿＿（多选）

（1）学科类　　　　　　　　　（2）艺术类

（3）体育类　　　　　　　　　（4）科技类

（5）创客类

23．"双减"后，你所在社团获得的荣誉是：＿＿＿＿（单选）

（1）学校奖励 1 次及以上　　　（2）区级奖励 1 次及以上

（3）市级奖励 1 次及以上　　　（4）国家级奖励 1 次及以上

（5）0 次

24．如果第 23 题选择了（1）（2）（3）（4），请继续选择获奖类型：＿＿＿＿（多选）

（1）学科类　　　　　　　　　（2）艺术类

（3）体育类　　　　　　　　　（4）科技类

（5）创客类

解析：本问卷采用的是半封闭型设计。

一、问卷结构

第一，问卷名称。

第二，撰写前言。在前言中交代了调查目的、调查方式、调查结果用途及伦理承诺等。特别需要注意的是，调查问卷设计及问卷结果使用，必须信守承诺，这是由科研道德所规定的。

第三，问卷主体。问卷主体分为以下三个部分。

第一部分：被试者基本信息。这是调查问卷的重要组成部分，是为了后期

的数据分析提供差异性比较，以提高问卷的真实程度和准确度。

第二部分：思想品德。立德树人是教育的根本任务，也是教育的基本规律之一。学生思想品德发展状况在很大程度上反映了教育发展状况。这部分的设计，既要考察学生的思想品德发展状况，也要从侧面去研判学校学生思想品德建设情况、教师队伍整体职业道德建设情况的因素。十个题目考察面比较广，包括了道德判断、人生价值判断、心理健康、劳动、家校协作、学校文化认同的内容，基本上可以了解、掌握学生思想品德发展真实状况及学校思想品德建设的真实情况。这对引导学校克服德育"两张皮"现象，具有较高的实践价值。

第三部分：和谐发展。本部分十八个题目体现了当前国家主流价值所强调的"五育并举"，和谐发展的教育思想。"五育并举"在学校实践层面到底落实得如何？真实状态是什么？是政策空转，还是在脚踏实地推进？这是问卷设计者要特别关注的问题。

同时，问卷对"双减"关注而大众比较忽视的内容，如睡眠、视力、作业及作业形式、课外阅读等做了强化，也突出了大家特别关注的"双减"的效果、校外培训等方面。

二、关注问卷设计的科学性

第一，每一个题目都与问卷调查的目的高度相关且只有一个问题。

第二，用语大众化，不含术语，大家都能看得懂。

第三，题目设计完全遵循政府有关政策精神，讲政治，讲规矩。

第四，题目的隐蔽性。如第三部分题目3，学生选择"教室"，可以推论出该生热爱文化课；选择"运动场"，可以推论出该生对体育运动的热爱等；选择"图书室"，可以推论出该生热爱学习，而且属于主动学习的类型，兴趣面比较宽，但对课堂学习活动持保守态度；选择"功能室"，可以推论出该生具有实践活动爱好趋向。如果进一步设问，深度调研喜欢何种功能室，则可以进一步推论出该生的爱好种类，甚至其所具有的某种特长。

第五，问卷中的数值没有使用平均数。因为平均数是最不真实的数字，隐含了最大的不公。

三、后期使用需要注意的事项

第一，单一题目很难真正考察出事物的真相，只有在问卷系统中，单一题目的意义与价值才能产生。

第二，本问卷与同目的的教育行政领导问卷、教师问卷做交叉比对，其意义与价值将得到更大彰显。

二、访谈法

访谈法又叫谈话法，指调查者通过与调查对象面对面谈话了解情况、搜集资料的方法。访谈有正式和非正式两种，访谈内容有事实调查、征询意见、了解个体内心世界等内容。比如，为了解学生对课堂教学的看法，就可以采用访谈法。访谈可以是一对一的形式，也可以是座谈会的形式。由于访谈法一般调查人数不会很多，因此统计上难度相对较大。

访谈需要遵循基本的程序：编制访谈提纲，组织访谈，对访谈材料进行整理、分析，形成访谈报告。

在访谈中，需要注意以下几点：一是访问者的态度。访问者的态度一定是真诚、谦和的，要耐心地对待被试者。二是访谈中对问题的询问。访谈者对被试者提及的问题有三种类型，即描述的问题、有结构的问题和对照的问题。描述的问题是请被试者描述一般的情况，有结构的问题是要了解被试者的文化水平与知识结构，对照的问题是拓展性问题，有助于对问题的深入了解。三是谈话的记录。收集第一手资料是访谈的重要功能，因此，需要高度重视对访谈现场内容的记录，尤其要重视被试者的情绪变化、声调变化、语速变化、体态变化等细节，通过把握细节，增进对被试者的了解。真实，是需要高度重视的一个问题，保持客观性是增进真实性的重要方式。下面是一个社会公益机构对一所特殊教育学校进行访谈的访谈提纲案例。

案例 5-4

关于一次特殊教育调研的访谈提纲

1. 学校特殊学生和师资现状情况？
2. 学校已经开展的校本课程开发情况？（做法、效果、成绩和问题）
3. 学校诉求？
4. 合作方式？
5. 开发规模？经费投入？

三、观察法

观察法是指人们有目的、有计划地通过感官和辅助仪器，对处于自然状态下的客观事物进行系统考察，从而获取经验事实的一种科学研究方法。被观察对象及其行为选择及记录都对观察的效果有很大的影响。比如研究教学策略可以在课堂中观察，教师用了哪些教学策略，学生的反应如何，学习效果如何，等等。

观察法分为实验观察法与参与观察法两种类型。实验观察法是指对观察对象的情境做实验控制，然后观察其结果。参与观察法又叫自然观察法，是指研究对象在自然状态下研究者参与到情境中对对象进行观察。这是人类学的一种研究方法。作为教师，每天都在对教学对象、教学状态进行观察。一般而论，教研活动时，活动参与者对授课教师的观察就属于自然观察。根据观察的角度，观察又分为全面观察与焦点观察。全面观察就是对场所中研究对象的全面注意，没有重点；焦点观察就是对重点的观察。形成焦点观察的主要原因往往是因为个人的观察兴趣、理论兴趣，或研究对象的建议，或社会文化环境的需要等。

观察，是有目的的一种研究形式，因此，在观察前，要拟订好观察的目标、观察的步骤，选择恰当的观察方法，需要开发或借用、改造已有的观察工具，以满足研究的需要。

下面是一个课堂教学效能观察的工具。

案例 5-5

中小学课堂教学提问观察记录单

观察方向：教学提问与教学效果的函数关系

学校：＿＿＿＿＿＿＿＿　任课教师：＿＿＿＿＿＿＿＿　班级：＿＿＿＿＿＿＿＿

学生人数：＿＿＿＿＿＿＿　观课人：＿＿＿＿＿＿＿＿＿　时间：＿＿＿＿＿＿＿＿

课文（章节）名称：＿＿＿＿＿＿＿＿

教学流程	主问题	辅助性问题及要点	提问对象	解决方式	评价方式	1. 第一等待时间 2. 第二等待时间
评价与建议：						

操作说明：

第一，从内容的正确性、目标的关联性、对象的适切性、表意的准确性、结构的层进性、运用的合理性、教学的效能性七个维度分析，体现"精、要、序、活"原则。

第二，能力层级：识记、理解、分析、归纳、运用、评价（布鲁姆目标分类学理论）。

第三，解决方式：独立解决，合作学习，教师理答（自解、追问、转向、悬置）。

第四，评价方式：自评、互评、教师评；口头表扬、夸奖，贴小五星，同学鼓掌；教师轻拍学生肩膀，目光鼓励，微笑等。

这个工具由四个部分构成：题目、基本信息、观察工具及操作指南。"题目"揭示了研究的核心内容及目标。基本信息是为后期的分析提供基本资料，包括范围限制、观察者与被观察者、学科等必备的诸元素。观察工具是核心内容、操作方式的具象化，以简洁、明快的方式描述了"观察"的要点及"评价与建议"，给予适当的评价与建议是观察要达到的目的。操作说明从四个维度引导观察者对焦点进行科学观察。

这个观察工具，对教学提问的设计、实施与行为者的自我反思都是有力的引导，而不仅仅只是评价别人。

四、测查法

用一组测试题（标准化试题或教师自编题）测定某种教育现象，从而收集资料数据进行研究的一种方法。比如，教师用学生的单元检测、期末考试分析学生学习状况或教师了解某一阶段的教学效果，多使用测验法。学科不同，测试题的编制自然也就不同。

第四节　行动研究法

行动研究（Action research）原本是一种社会学的研究方法。1945 年，美国主管印第安民族事务的官员约翰·科律尔（John Collier）发表了《美国印第安人行政管理作为民族关系的实验室》一文，文章介绍了调动科学家、行政人员、群众三方力量解决白人与印第安人的关系的经验。论者普遍认为这是行动研究的开始。① 也有学者认为，美国社会心理学家库尔特·勒温（Kurt Lewin）才是行动研究的真正创始人。第二次世界大战结束时，勒温针对美国由于战争消耗而导致物质匮乏所产生的社会心理问题进行了研究，将研究策略直接用于研究，并于 1946 年发表了《行动研究与少数民族问题》一文。② 无论是约翰·科律尔还是库尔特·勒温，他们都把行动研究用于社会问题的解决之中。可见，行动研究始于社会学。而把行动研究引入教育领域的是美国哥伦比亚大学师范学院院长科利（S. N. Corey）在 1953 年《改进学校实践的行动研究》一书中，第一次系统地将行动研究定义到教育中来。③

什么是行动研究？勒温认为"将科学研究者与实际工作者的智慧、能力结合起来，以解决某一实际问题的方法"，就是行动研究。澳大利亚学者凯米斯认为行动研究是"由社会情景（包括教育情景）的参与者，为提高所从事的社会或教育实践的理性认识，为加深对实践活动及其依赖的背景的理解，进行的反思研究"④。按照凯米勒的观点，行动研究就是行动者对自己的实践进行批判性思考的研究方式，是一种自我反思的研究。

行动研究具有以下四个特征：第一，以解决实际问题为导向的现场研究；第二，以实践经验为基础的研究；第三，以小组成员间的相互合作方式进行研究；第四，在动态环境下立即或较短时间内显示其在实际工作中的作用和效能。学者认为自从勒温提出"计划－执行－审查－新计划……"这一循环研究模式之后，其他的行动研究专家还没有超越这个模式。⑤ 凯米斯主要采纳的是勒温的相关思想，提出螺旋式推进的、相互依赖的、具有及时反馈功能的四个环节："计划、实施行动、考察、反思"；而埃利奥特大致同意凯米斯的分法，⑥ 拟定了"形成基本观点、探察、建构总体计划、确定行动目标、实施行

① 李西亭，邹芳. 行动研究法和教育 [J]. 上海师范大学学报（哲学社会科学版），1995（1）：110－116.

② 李西亭，邹芳. 行动研究法和教育 [J]. 上海师范大学学报（哲学社会科学版），1995（1）：110－116.

③ 郑金洲. 行动研究：一种日益受到关注的研究方法 [J]. 上海高等教育研究，1997（1）：27－31.

④ 李西亭，邹芳. 行动研究法和教育 [J]. 上海师范大学学报（哲学社会科学版），1995（1）：110－116.

⑤ 吴义昌. 行动研究法的历史演变及其对我国中小学教师研究的启示 [J]. 徐州师范大学学报（哲学社会科学版），2000，26（2）：145－148.

⑥ 郑金洲. 行动研究：一种日益受到关注的研究方法 [J]. 上海高教研究，1997（1）：23－27.

动"的五环节程序。①

目前影响较大的行动研究程序是由凯米斯等提出的，他们认为行动研究是一个螺旋式加深的发展过程，包括计划、行动、考察和反思四个环节。计划是指以大量事实和调查资料为前提，形成研究者对问题的认识，然后综合有关理论和方法，作出研究计划。行动即按照目的和计划行动。考察主要是对行动的过程、结果、背景以及行动者特点的考察。反思包括整理和描述，即对观察到的与实施计划有关的各种现象加以归纳整理，描述出研究过程和结果，然后对行动的过程和结果做出判断评价，对有关现象和原因做出分析解释，调整下一步行动计划和工作构想。

也可以把它转化为七步骤操作法：发现问题；分析问题；拟定计划；实施行动方案；收集有关资料；考验假设并检查某项实验措施的有效性；依据措施的有效状况修正原计划，进入下一轮更高层次的研究。

在研究中，行动研究可能存在以下问题：

第一，主观性较强。作为教育研究本来就很难保持价值中立，而在行动研究中，研究者也是实践者，这种双重身份很容易让研究者不客观，即在行动前突出问题，在行动后突出效果，从而夸大行动的作用。

第二，设计不严谨。在研究中往往忽视定量数据，忽视相对严谨的研究设计，使得研究者说不清是行动的效果，还是事件的自然发展的效果。

第三，研究等于工作。行动研究不能只有行动，没有研究。在整个行动的过程中，研究者都需要思考，我们所面临什么样的问题，每一个行动计划要解决什么问题，是否解决了，还存在什么问题等。

因此，研究者需要加强研究的客观性、加强研究设计、在研究上超越工作。

案例 5-6

"靓仔快乐园"志愿者团队建设研究

研究背景：在主城一些大型的农贸市场，很多摊主或忙于做生意或不重视儿童的教育，孩子都在市场周围游荡，于是某地社区提供房屋、招募了一些退休教师和相关专业学生作为志愿者，建起了"靓仔快乐园"，在

---

① 洪明. 西方教育研究的方法论和转向——行动研究探略 [J]. 国外社会科学，1999 (1)：14—19.

开展课程建设的同时，也开展了志愿者团队建设研究。

一、志愿者的构成和教育能力分析

（一）方法

观察法、访谈法

（二）结果

志愿者由三部分组成：退休教师、学生、幼儿家长，开展幼儿集体教育的能力呈递减趋势。

二、志愿者培训

（一）方法

实验法——由退休教师在幼儿教育过程中培训学生和家长，由退休教师和学生开展一些专业讲座。

观察法——了解志愿者集体教育能力的发展

（二）结果

志愿者能力有所提高。

（三）问题

志愿者的流动性造成课程实施的不连贯。

三、志愿者管理

（一）方法

实验法——建立课程和学生档案袋，选择长期在市场工作的家长作为志愿者保管学生档案袋。要求志愿者提前了解情况，并做好准备，新参加的志愿者作为教学辅助者。

观察法——了解课程实施情况。

（二）结果

课程的延续性和针对性增强。

（三）问题

家长志愿者作为稳定的教育力量，集体教育能力比较差。

四、以家长志愿者为核心建立志愿者团队

评价现状——找出问题——拟定并实施计划——评价发展的循环过程。

第五节　比较研究法

比较是认识事物的基础，是人类认识、区别和确定事物异同关系的最常用的思维方法。比较研究就是一种运用比较思维的研究方法。根据不同的标准，可以将比较研究法分为几种类型：按事物属性的数量分，可以分为单向比较和综合比较；按时空的区别分，可以分为横向比较与纵向比较；按目标的指向分，可以分为求同比较与求异比较；按比较的性质分，可以分为定性比较与定量比较。通过比较研究的方法帮助人们克服自身狭隘，增进自身认知。

比较研究法的运用并没有一个固定的模式，但都需要遵守基本的规范。美国比较教育学家贝雷迪在其《教育中的比较方法》中把比较研究法的实施分为四个阶段：描述、解释、并列、比较。描述是指对研究对象的质性、特点等内容进行描述。解释是指对描述的内容进行诠释，说明原因。并列是指将研究对象经过描述、解释的内容进行分类整理，排列，并列出比较的标准。比较是指对并列阶段提出的假设进行比较、给出结论。

袁振国教授将比较研究实践的基本步骤分为以下五步：

第一，确定比较的问题。其一，选定比较的主题。如"教师性别对小学生个性的影响"。其二，确定比较的内容。如"优等生与差生学习机会的比较"这个主题，可以从"被教师提问的机会""参与教育活动的机会""家长提供的机会"等角度进行比较。其三，确定比较的范围。要明确是班内比较、校内比较、还是跨学校比较、跨国比较。

第二，制定比较标准。没有标准就没有办法进行比较，所以，制定标准是比较能够进行下去的关键关节。

第三，收集资料并加以分类、解释。通过多种途径对比较的内容进行收集，要对资料进行鉴别，保障资料的客观性、权威性，然后对这些资料进行归类、并列；最后是解释，对资料赋予意义。

第四，比较分析。这是比较研究的重要一步，根据事先拟定的比较标准进行比较，不能中途更张。

第五，结论。[1]

---

[1]　袁振国. 教育研究方法［M］. 北京：高等教育出版社，2000：164.

比较研究运用的是比较思维。因此，比较研究必须遵守比较思维的几个基本特点：第一，同一性。也就是说，进行比较的对象必须是同一范畴、统一标准、同一类事物，否则，就无法进行比较。第二，多边性。比较只有在两个及两个以上的事物之间才可能发生，因此，比较对象就必须是两个以上。第三，可比性。也就是说，比较的事物之间要具有一定的相似性，具有一定的内在的联系。

作为一种最常用的研究方法，只有在满足以下条件时，这种研究才具有真正意义的研究价值。一是资料的可靠性与分析的客观性。资料的真实性、权威性、典型性构成了资料的可靠性。分析的客观性是对研究人员主观倾向价值中立的要求。人的认识具有主观倾向，难免在比较分析中会产生情感偏差，从而导致认知产生偏差。尤其是当比较对象是我们熟知的人或事，或因利益的影响，从而做出不客观的比较。这样，比较就失去了意义。二是全方位多角度的比较。万事万物都是关联发展的，因此很难鉴别某一事物的发生、发展、变化是由哪些因素导致的，教育尤其如此。必须多方位、全面地进行比较，对偶然的因素、非主要因素必须进行排除。三是比较事物的本质。事物的外部形态是其本质的一个表征，因而在比较中要透过现象看本质，抓住要害。[1]

第六节　扎根研究

扎根研究，又叫扎根理论研究方法，是格拉泽和施特劳斯于 20 世纪 60 年代在一次对于医护人员处理死亡病人的方式的田野观察中提出来的。施特劳斯指出，"作为分析定性数据方法论延伸的扎根理论方法是一种理论的延伸，它不需要任何特殊的数据资料、研究方法或理论兴趣。因此，它并不真的是一种方法或技术。说它是一种分析定性数据的方式更合适些，该方式具有很多明显特征（如理论性抽样），特定的方法论指导（像持续比较），以及编码范式的使用等，以确保概念的形成及其严密性"[2]。他将理论性抽样定义为：由进化的理论指导的抽样，是对特定事件、偶发事件、活动、人口等进行的抽样。它还

---

① 袁振国. 教育研究方法 [M]. 北京：高等教育出版社，2000：165—166.
② 转引自贝尔. 社会科学研究的基本原则 [M]. 马经标，主译. 北京：北京大学出版社，2008：14—15.

可以对在活动、人口等抽样之间进行比较产生动力。[①]

理论性抽样揭示了扎根理论研究的一个特点：主要分析思路是比较，在资料和资料之间、理论和理论之间不断进行对比，然后根据资料与理论之间的相关关系提炼出有关的类属及其属性。

陈向明在《旅居者和"外国人"：留美中国学生跨文化人际交往研究》[②]一书中，将扎根理论研究的步骤和操作做了比较细致的介绍。根据她的描述及归纳，扎根理论研究的研究步骤分为以下五步。

第一，从原始材料中提取概念。

第二，根据概念的类别对资料进行比较：对资料进行编码并将资料归到尽可能多的概念类属下面，将编码过的资料在同样和不同的概念类属中进行对比，并找到属性。

第三，将有关概念类属与它们的属性进行整合，对这些概念类属进行比较，考虑它们之间存在的关系，将这些关系用某种方式联系起来。

第四，勾勒出初步呈现的理论，确定该理论的内涵和外延，将初步理论返回到原始资料进行验证，同时不断地优化现有理论，使之变得更加精细。

第五，对理论进行陈述，将所掌握的资料、概念类属、类属的特性及概念类属之间的关系一层层地描述出来，作为对研究问题的回答。

其操作程序为从资料中梳理概念，对资料进行逐级登录；不断地对资料和概念进行比较，系统地询问与概念有关的生成性理论问题；发展理论性概念，建立概念和概念之间的联系；理论性抽样，系统地对资料进行编码；建构理论，力求获得理论概念的密度、变异度和高度的整合性。

对资料进行逐级编码是扎根理论研究最重要的一环，包括三个级别的编码。

（1）一级编码（开放式登录）。

在一级编码中，研究者将所有的资料按其本身所呈现的状态进行登录。这是一个将收集的资料打散，赋予概念，然后再以新的方式重新组合起来的操作过程。登录的目的是从材料中发现概念类属，并对类属加以命名，确定类属的属性和维度，然后对研究的现象加以命名及类属化。

在进行开放式登录时，对资料要进行仔细的登录，不要漏掉任何重要信

---

① 贝尔. 社会科学研究的基本原则 [M]. 马经标，主译. 北京：北京大学出版社，2008：15.
② 参见陈向明. 旅居者和"外国人"：留美中国学生跨文化人际交往研究 [M]. 北京：教育科学出版社，2020.

息；注意寻找那些重要载体（如关键词、关键事件等）；给每一个码号进行初步的命名；对有关的词语、短语、句子、行动、意义和事件等提问；对与资料有关的概念的维度进行分析，如果没有案例，应该去寻找案例；注意列出登录范式中的有关条目。

（2）二级编码（关联式登录）。

二级编码（又称关联式登录或轴心登录）的主要任务是发现和建立概念类属之间的各种联系。这些联系可以是因果关系、时间先后关系、语义关系、情境关系、相似关系、差异关系、对等关系、类型关系、结构关系、功能关系、过程关系、策略关系等。在轴心登录中，研究者每一次只对一个类属进行深度分析，围绕这一个类属寻找相关关系。每一组概念类属之间的关系建立起来以后，研究者还需要分辨其中什么是主要类属，什么是次要类属并通过比较的方法把它们之间的关系联结起来，建立一个以行动取向或互动取向为指导的理论建构雏形。这种理论雏形将分析的重点放在处理现实问题和解决现实问题上，其理论基础是当事人的实践理性。

（3）三级编码（核心式登录）。

三级编码（又称核心式登录或选择式登录）指的是在所有已发现的概念类属中经过系统的分析后选择一个"核心类属"，分析不断集中到那些与核心类属有关的码号上面。核心类属必须在与其他类属的比较中一再被证明具有统领性，能够将最大多数的研究结果囊括在一个比较宽泛的理论范围之内，起到"提纲挈领"的作用。

核心类属具有如下特征：在所有类属中占据中心位置，最大频度地出现在资料中，并表现出稳定性。很容易与其他类属发生关联，这些关联不是强迫性的。在实质性理论中一个核心类属很容易发展为一个更具概括性的理论；在发展为一个形式理论之前，需要对有关资料进行仔细的审查，在尽可能多的实质理论领域进行检测。由于不断地对核心类属在维度、属性、条件、后果和策略等进行登录，其下属类属可能变得十分丰富和复杂。

核心式登录的具体步骤是：明确资料的故事线；对主类属、次类属及其属性和维度进行描述；检验已经建立的初步假设，填充需要补充或发展的概念类属；挑选出核心概念类属；在核心类属与其他类属之间建立起系统的联系。

比较扎根理论重要的思维方式和方法，同时，在每一级的登录过程中，撰写分析备忘录等是十分重要的工作。在扎根理论研究中，还需要注意理论性抽样、灵活运用文献和理论性评价。

第一，理论性抽样。在对资料进行分析时，研究者将从资料中初步生成的理论作为下一步资料抽样的标准。这些理论可以指导下一步的资料收集和分析工作，如选择资料、设码、建立编码和归档系统。因此，资料分析不应只停留在机械的语言编码上，而应对其进行理论编码。研究者应该不断地就资料的内容建立假设，通过资料和假设之间的轮回比较产生理论，然后使用这些理论对资料进行编码。

第二，灵活运用文献。在适当使用前人理论的同时，扎根理论认为研究者的个人解释在建构理论时也起到了重要的作用。研究者之所以可以"理解"资料是因为研究者带入了自己的经验性知识，从资料中生成的理论实际上是资料与研究者个人解释之间不断互动和整合的结果。原始资料、研究者个人的前理解以及前人的研究成果之间实际上是一个三角互动关系，研究者在运用文献时必须结合原始资料和自己个人的判断。

第三，理论性评价。其一，概念必须来源于原始资料，可以找到丰富的资料内容作为论证的依据。其二，理论中的概念本身应该得到充分的发展，密度应该比较大，这些概念坐落在密集的理论性情境之中。其三，各个概念与概念之间应该紧密交织在一起，形成一个概念框架。其四，概念框架应该具有较强的解释力。

扎根理论研究非常适合中小学教育科研。研究者在实践中通过对教育教学中的某一现象进行不间断的观察、记录、分类、贴标签与提炼，就会形成一个解释某一现象的亚理论框架。笔者的《群众性教育科研管理的内在价值及其实现策略》一文曾发表于《教师教育学报》，2016 年第 3 卷第 4 期，主要采用了"扎根理论"研究的方法，有兴趣的读者可以找来阅读。

第七节　三角测量法

三角测量法又叫三角测量技术，原指一种使用两点（及其角度）探寻到第三点之未知距离的测量/航海方法。1978 年，Denzin 首次使用了"三角测量法"一词。"三角测量法"本意是指将多种资料来源结合起来，对同一种社会现象进行研究。他提出了四种三角测量技术：资料三角测量法（在研究中使用多种资料来源），研究者三角测量法（使用不同的研究者进行同一研究），理论三角测量法（使用多元视角来解释研究结果），方法论三角测量法（使用多元方法来研究某一问题）。① 举例来说，假设优秀教师成长个案能为研究问题准确提示研究对象的个性特质，深度描述研究对象的成长历程，选择三角测量法作为研究法，减少归因的主观化、片面性和偏好，规避话语霸权，并综合运用其四种方式，需要做以下工作。其一，组建异质的研究团队。团队一般由以下人员组成：高校教育类专家，区县教师研修机构业务人员（科研、培训、学科教研人员），研究对象同事（或学校业务管理人员），研究对象本人。其二，研究方法的多元化。质性研究与定量研究并用，如访谈法、田野观察、比较研究法、自然实验法、数理据统计分析法、影像分析技术等。其三，资料收集的多形式、多途径。专家的田野观察、分析报告，教科研人员的观察、分析记录，同事（学校管理者）对研究对象的教学样态的描述评价，研究对象的学术成长历程以及社会形象等。其四，理论的多视域。对问题做深描时，选择两三个理论视角，避免偏好和选择性风险。三角测量法的方法论是比较。这种研究方法本质上是混合研究模式中的一个类，它有效地解决了之前研究方法单一所带来的研究困境，但难度也相对提高。在实践中，可以选择四种方法中的一类，也可以组合。何晓波、尹清丽、邹冬梅等人的《运用三角测量方法　促进教师课堂教学行为的转变——基于教师课堂教学行为改进的实证研究》一文，是专门针对"三角测量法"展开的研究，有兴趣的读者可以检索阅读。

第八节　影像分析技术

　　影像分析技术，又叫影像分析法，是文献研究法中的一种。这种方法对课堂教学过程进行完整录像，然后对所录制的视频及转录的文字进行分析研究，进而对教学事件或重要环节、细节进行重新发现和认识，达到教学改进和学习环境设计的目的，同时，也能够有助于理论的建构。

---

① 塔沙克里，特德莱. 混合方法论：定性方法和定量方法的结合 [M]. 唐海华，译. 张小劲，校. 重庆：重庆大学出版社，2010：39—40.

一、进路单元内容概述

影像分析技术的一般进路单元和分析单元主要有以下内容。[①]

第一，学科内容分析。通过对转录文字进行编码或者从中寻找例证，捕捉教学过程中涉及的学科内容、学生和学科知识的互动及学科概念等在课堂上的出现及分布情况。

第二，个体学习活动分析。以维果茨基文化历史活动理论为基础研究，对个人进行录像，并识别其在团体互动中不断变化的参与状况。

第三，课堂谈话研究。主要根据具体功能类型对互动的行为和语言进行编码，并分析课堂互动的一般类型。

第四，会话分析。这一方法考察的主要是对话的发生过程，特别是不同对话参与者话语之间的相互影响，分为启动、反应、对于先前反应的反应三个步骤。

第五，境脉分析。这一进路采用生态观和系统观研究社会互动，同时分析互动事件中所有参与者的语言行动和非语言行动及其相互影响，并对互动过程的各个方面进行详细分析，后来在此基础上又发展出多模态话语分析。这种方法采用了具有全息性质的方法，试图把握视频所示进程的各个方面及其相互关系。

二、分析单元内容概述

第一，问题点。研究者通过视频分析探寻所研究的主题出现的时刻和分布状况。如研究者要探寻的是在教学进程中学科知识出现的时刻和状况。这样的问题点还可能是某个概念最早出现时间和频次及其在师生话语中的分布，新观点的提出和产生等。结合这些问题点出现的场景进行分析，可以对所研究的问题做出推断。

第二，教学场景。研究者关注的是一个具体的时刻或一个短时间的教学片段，特别是那些具有典型性的时刻或片段。

第三，语句。研究者关注的是教师或学生的一次提问、陈述、应答等。

---

① 郑太年，仝玉婷. 课堂视频分析：理论进路、方法与应用 [J]. 华东师范大学学报（教育科学版），2017，35（3）：126−133+172−173.

第四，话轮或会话。在这一分析单元上，研究者将师生或者生生间的一次话语转换（提问－回应）或者会话（提问－回应－评价/对于回应的回应）作为分析的对象，或者将几个连续的会话作为分析的对象。

第五，完整主题会话或者片段。在这个分析单元上，研究者关注的是对于一个相对独立的主题或问题的完整讨论。比如，研究分析一个主题会话是如何得出结论的，或者在一个主题会话中教师和学生的主导性。

第六，完整课堂。在这个分析单元上，研究者关注的是一次完整的教学活动是如何展开的。比如，在一节课中，教学活动的结构是什么；教师讲授、师生对话和学生独立练习的时间分别占多大比例。

案例 5-7

小学语文课堂教学等待时间现状的个案研究
——以重庆市×××小学××老师的课堂为例

一、研究目的

1. 小学语文课堂教学等待时间现状调查。

2. 改进教师课堂教学行为。

二、研究设计

1. 主要采用会话分析理论进路，并将多种分析单元进行科学组合。

2. 对教学问题全面梳理，确定每一个问题的提问、叫答、候答、理答秩序。

3. 在整体分析完整课堂基础上，重点分析一个典型片段。

三、研究步骤

1. 原生态课堂教学实录。

2. 对教学实录进行文字转述（人工与智能转换双模式）。

3. 整理、分析原生态教学第一等待、第二等待时间数据。

4. 分析、解释并对教学提出改进建议。

四、教学内容

1. 题目：凤辣子初见林黛玉（第一课时）

2. 教学问题

（1）透过王熙凤的样貌、服饰，你能看到什么？

（2）贾母怎么戏谑王熙凤，这说明了什么？

（3）王熙凤对林黛玉说了什么，这又说明了什么？

（4）王熙凤为林黛玉流泪，该如何看待？

五、对数据的整理与解读

（一）完整课堂时间分布

1. 预习检查：3.88 分钟。

2. 连续阅读共用时 9.71 分钟。具体分布为：学生自由朗读 6.12 分钟；录音范读 1.82 分钟；集体跟读、朗读 1.77 分钟。几次阅读安排的目的不是很清晰。

3. 自学：9.41 分钟。

4. 互学：6.91 分钟。在这个环节，我们记录到教师在巡回指导，其中，在一个小组用时 2.21 分钟，占比 34.15%。同时，我们对这个视频也有疑问，怀疑它的真实性：当摄像机的镜头对准老师的时候，老师会不会不由自主地"配合"记录了？如果是这样，那么这段记录就有问题。这点需要与老师核实。

5. 展学：8.15 分；教室靠前中间的一个五人小组上台展示。

在互学向展学过渡的时候，学生还位用时 49 分钟。我把这种行为描述为"课堂过渡句"。教师提出学生主动上台展示的请求后，等待 7 分钟（第一等待时间）才有学生的反应；展学小组上台过程用时 10 分钟。

小组展学：分享期间，每一个小组成员根据任务分配汇报学习情况（对教师提出的四个问题进行学习分享）；其间，有其他同学的质疑，也有老师的参与；但汇报者对第三、四问题的回答不甚了了。反观自学、互学，这个小组在这两个问题上并没有很好地完成任务。

6. 教师小结：1.86 分钟。

其他用时：课文导入 1.12 分钟，引导 1.91 分钟；其他：0.49 分钟，合计：3.52 分钟。共用时 43.44 分钟。

（二）典型片段等待时间分布

1. 典型片段（自学之后的检查环节节选）

师：有没有不懂的地方，钩下来，不动笔墨不读书。哪位同学来试一下？（第一等待时间：6 分钟。一女生起立回答教师提问，但没有达到教师的意图，教师示意她坐下。）（第二等待时间：0 分钟）

师：你说。（被叫答者无语）

师：就是"嫡亲"这个词，有没有知道的？

师："嫡亲"到底是什么意思？

生：我觉得"嫡亲"就是她的儿子的孙女。（第一等待时间：14 分钟）

师：儿子的孙女？（教师反应很惊讶）（第二等待时间：1分钟）

生：儿子的女儿。（第一等待时间：1分钟）

师：儿子的女儿叫"嫡亲"，理解得很好，儿子的孩子叫"嫡亲"。（第二等待时间：1分钟）

师：那么，女儿的孩子算不算啦？（停1分钟）不算（教师自己给出答案）。

师：还有（其他问题）吗？（叫答）

生：泼皮破落户。（第一等待时间：5分钟）

师：嗯，你读读提示就可以啦。（第二等待时间：1分钟）

师：读了课文我们知道这篇文章主要是讲谁呀？

生：（在下面有几个接嘴的）凤辣子，王熙凤，林黛玉。（第一等待时间：2分钟）

师：凤辣子是谁？（第二等待时间：2分钟）对，王熙凤。（教师没有对林黛玉的说法进行纠正）

2. 时间分布及分析

——第一等待时间：5次，共28分钟，平均5.60分钟；其中，6分钟1次，5分钟1次，14分钟1次，2分钟1次；平均分之所以高是因为其中的一次等待时间长达14秒钟。从课堂现场观察以及影像回放的分析来看，学生的思维发生了认知障碍，教师还是给予了足够的耐心。

——第二等待时间：5次，共5分钟，平均1分钟；其中，0分钟1次；2分钟1次；1分钟3次。由此可见，教师的主控性太强。

（三）解读

通过对完整课堂整体时间分布以及典型片段时间分布的分析，我们可以获得以下启示。

要赋予学生思想的"自由与闲暇"。赋予学生思考的自由、思想的自由和生长的自由，是教学获得成功的重要因子。亚里士多德就认为闲暇与自由对人的智慧生成及想象力与创造力的爆发是极为宝贵的两样东西，而学生最缺少的就是自由与闲暇。教师主动、积极地弱化教学控制行为，放大学生"专注学习时间（学生关注并努力去完成学习任务所用的时间）"和"学术学习时间（学生用于完成一定难度的学习任务并且获得较高水平的成功体验的专注时间）"，增加学生思考时间，就是赋予学生特定意义的"自由与闲暇"。

六、对教学改进的建议

（一）延长第一等待时间

第一，减少问题的数量，提高提问的质量。尽量减少事实性提问，增加有知识难度、思维深度的问题；第二，培养学生良好的学习习惯，引导学生学会思考、倾听和表达，学会不抢答。

（二）延长第二等待时间

国外有研究者提出，当把等待时间延长3~5秒时，教学效果会显著增强。对于低层次问题，教师应该把等待时间增加到3~4秒，对于高层次问题，应该至少增加到15秒。教师不仅需要增强等待观念，同样也需要进行自我练习、自我养成。

（三）建立有效的应答关系

教学关系就是对话的关系。没有有效的交流与沟通，就没有高的课堂质量。

第三部分　逻辑论证

第六章　精心设计研究方案

认识是有真伪之分的，因此需要去辨析。对认识真伪的辨析并不只是个人的私事，它需要公共的理性标准，否则，那就等于认识是没有真伪的。"研究不是日常生活中的闲聊，不能仅仅表达自己的看法或意见，不能不在乎是否合理，而是认真严肃地论证观点的真正合理性，系统性地建构理论。"① "发表意见与表达思想是不一样的。意见仅仅是自己的看法，它可能来自个人的偏好或特殊的立场，而没有经过理性的系统检验。虽然有时候意见持有者也试图说明自己意见的合理性，但是他所谓的合理都是在自己的立场上提出的，而不是在一个普通理性的立场上对自己的想法和意见进行辩理。"②

如何科学、理性地论证自己观点的合理性，是研究者的重要责任。

研究方案是开展科研活动的思维预设，一个方案的好坏，在很大程度上已经决定了研究的成败。

第一节　研究方案的必备要素

研究方案通常意义上就是课题申请书（方案）。一个完整的课题申报方案应该包括以下要素：研究方案名称、提出问题、研究意义、核心概念界定、理论基础与依据、文献综述、研究目标、研究内容、研究假设、创新点、研究思路、研究方法、技术路线、预期成果、实施步骤、组织管理、参考文献。

各级各类科研管理机构对课题申报方案的文本要求虽然不完全一致，可能会对以上基本要素进行整合、重组，或者特别强调某一属性，但不会因为文本要求的不同而忽略这些要素，只是各有侧重而已。下面，对各要素做简要

---

① 金生鈜. 教育研究的逻辑［M］. 北京：教育科学出版社，2015：5.
② 金生鈜. 教育研究的逻辑［M］. 北京：教育科学出版社，2015：5-6.

介绍。

研究方案名称：也称课题名称，它以陈述句的形式出现，是研究核心内容的精粹表述。它要求对研究主体、研究范围、研究内容、研究方法进行明确陈述。题目一般切入点要小，新颖，有独创性，需要充分考虑研究者及研究团队的学术水平、研究条件、时间因素等主客观条件，切勿小题大做或大题小做。语言表达上要朴素、准确，切忌生造杜撰生僻词；尽量不使用副标题，但限制性表达除外。

提出问题：这个部分是研究者对研究问题的背景进行描述，它需要研究者回答为什么要研究这个命题。要求写出研究者对这个问题的认识程度及研究者所面临的具体情况，即认知层面与实践层面所面临的真实问题，尤其要写出研究团队对该问题所做的实践与理论尝试及在此过程中存在的问题，是对研究必要性的充分陈述。一般采取由高到低、由大到小的顺序进行表述：从国外到国内，从全国到省市再到区县学校的理论研究与实践推进。为了更好地突出研究的真实性、针对性、操作性及研究价值，研究者一般会将需要研究的问题在这个部分的尾部通过焦点表达的方式，进行突显。在科研实践中，不少人在撰写这个部分的内容时，容易写得很空泛或者没有真实的问题，主要原因是不明白该如何进行表述，对研究对象缺乏深入思考。

研究意义：它是对该研究的理论意义与实践意义的阐释，这个意义仅仅是一种理论前设。研究意义反映研究者对特定研究对象、研究目的、研究方法、研究措施及研究效果之间的逻辑关联的认知水平和预判。

核心概念界定：人类对世界的认知、对自我的认知都是通过一个个概念建立起来的认知框架。理论是由一组组高度关联的概念所建立起来的认知系统。概念是对事物内涵与外延的描述，核心概念就是对事物核心内容、本质特点的认知与把握。准确把握、揭示核心概念的内涵与外延是研究能够得以推进的重要前提。因此，对核心概念的界定是十分重要的工作。从特定的意义上讲，只有对核心概念做出正确的把握与界定，研究才能沿着正确的轨道前进。

概念作为认识的一定阶段的总结是一种用压缩的形式表现大量知识的手段。科学家、思想家的发现和研究成果都是通过研究各种概念进行总结和概括的。概念包含了内涵与外延两个部分。概念的内涵是概念反映对象的共同属性的总和，即一事物区别于其他事物的本质特征；概念的外延是概念反映对象的总和，也就是概念确指的对象的范围。概念的内涵和外延常常发生变化，一是由于事物本身的变化，反映事物的概念也随之而发生变化；二是由于科学和实践的不断发展、变化，反映事物的概念随着人类认识的不断深入得到补充和修正，也不断地发生变化。新概念的产生意味着新思想、新知识、新方法的产生。

概念的界定有两种定义方式：一种是种加属差定义法，一种是发生定义法。"种差"加"属"定义法的基本结构是"属差＋最邻近的种"（有的表述为"种差＋临近的属概念"①，其意义并无本质区别）。"种"是被界定概念的上位概念；属差是关于这一事物与其他事物的区别的描述。比如，如果对"教育思想"这一概念进行科学定义，就要找到"教育思想"最邻近的"种"——"理性认识"。作为人类认知活动的成果之一，"认知"有理性与非理性之分，非理性往往建立在一种情境之上，所以情景化、情绪化很严重，常常带有个人的偏见，也很容易以偏概全，导致认知发生偏差；而理性则是建立在推理、经验验证等认识活动基础之上，更符合事实。所以，理性认知才能成为"教育思想"最邻近的"种"，如"教育思想"与其他思想的区别在边界上区分出来，它是对教育现象的描述与判断，这就是它的属差。因此，教育思想的定义就是"对教育现象的理性认识"。再如对"教育思想家"这一概念的定义，首先找出它最邻近的"种"——"杰出人物"，再找到"教育思想家"与其他大家的属差"在教育思想上有创见、有贡献、有影响"，将二者组织起来就是"教育思想家"的定义："在教育思想上有创见、有贡献、有影响的杰出人物。"② 可见，种加属差定义是一种抽象的定义。发生定义则是通过被界定概念所反映的对象的发生、来源方面揭示其特征，如对三角形的定义就是发生定义：三角形是由同一平面内不在同一直线上的三条线段"首尾"顺次连接所组成的封闭图形。它是具象的，根据定义的描述人们就可以画出三角形来。

划分是揭示概念外延的逻辑方法。它由划分的母项、划分的子项、划分的根据构成。根据规则，每一次划分都只能使用一个标准，划分所得子项的外延的总和等于母项的外延，划分的子项必须相互排斥。不具备这三个条件的划分不是逻辑意义上的划分。

在科研话语体系中，核心概念是概念群中起主导作用的概念。对核心概念的掌握就是对研究对象本质特征的掌握。这种掌握就是通过对核心概念内涵的定义与对核心概念外延的划分来实行的。任何概念的掌握都是一个实践的过程。③ 对核心概念的掌握也是一个实践的过程，随着认知的深化对概念的定义

---

① 华东师范大学哲学系逻辑学教研室. 形式逻辑［M］. 上海：华东师范大学出版社，2016：24.
② 顾明远. 教育大辞典［M］. 上海：上海教育出版社，1998：776.
③ 参见华东师范大学哲学系逻辑学教研室. 形式逻辑［M］. 上海：华东师范大学出版社，2016.

会越来越清晰，甚至可能全面推翻原有的定义。

在众多中小学科研方案中，核心概念的界定往往会出现以下几种错误：不能准确抓出核心概念；不能科学界定核心概念；空洞无物；只讲"普通话"，不讲"方言"，没有个性等。如下面这个"学科主题单元整合"概念定义的错误就具有典型性。

学科主题单元整合，意在整合各学科知识，以减少课程内容的重叠与分化，彰显知识、技能与生活世界的联系及其价值。我们将把语文、数学、音乐、美术、科学等不同学科进行整合。在整合过程中，既要各学科保持独立地位，也可以看到跨学科整合课程的开放，即学科不再是组织中心，而是被融入单元或主题之中，教师非常重视课程与真实情景和世界的联系，并鼓励学生作为研究者参与学习活动。

从概念的界定中我们并不能知道"学科主题单元整合"的具体内涵。如果使用种加属差定义法，则需要找出这个被定义概念最邻近的"种"——"整合"；然后"揭示学科单元"的"整合"与其他方式进行整合的区别，即属差。再按照"属差+最邻近的种"的逻辑关系进行文字组织，对概念进行定义，而不是对"学科主题单元整合"的意义、价值与作用进行描述。如果使用发生定义法界定其概念，就需要揭示其发生、来源等特征。

理论基础与依据：人们对事物的科学认知是建立在一种或几种理论基础之上的，这是人类认知的普遍规律。没有理论基础的认知往往是经验主义的、零碎的，缺乏理性和深度，甚至是错误的。理论基础可以分为哲学理论基础、一般科学理论基础与学科理论基础。哲学理论基础是关于世界认知的科学，如马克思主义哲学，这是大家所熟知的。一般科学理论基础，如控制论、信息论、耗散理论、突变理论，等等。学科理论基础内容就较为广泛了。教育学学科理论基础根据研究的分类，基础理论也是很丰富的，如教育哲学理论、课程理论等。关键的问题是在选择理论基础的时候，一定是根据本课题研究的内容进行的具体而准确的选择，不是多多益善，而是要有针对性。但在实践中，一些研究方案的"理论基础"却是随意的、泛化的，没有针对性，起不到支撑作用。依据就是某一行为能够进行的理由和前提。课题研究的依据往往指的是政策依据，也就是国家层面、地方层面出台的与研究内容相关的文件、政策、法律法规等。依据的另一个类型就是已证实了的事实。

文献综述：做文献综述的目的是为研究提供学术视野，知晓自身的研究处于相关研究的什么位置、可能提供新知的空间节点等，所以，文献综述是研究的重要学术前提。它包括文献收集、整理、分析、评价等内容。有文献而离题万里，有文献而无分析，这都是通病。正确的做法是紧紧围绕命题进行文献检索，有条件的，还应该进行其他语种的文献检索。对文献研究内容做客观介绍，这是"综"；不能犯无知、武断、投众所好、人身攻击、滥用权威、因人纳言、因人废言等逻辑错误，这是"述"。因自己检索文献的条件不足或犯思想的懒惰病，随便找来两个材料就要下结论，就是一种典型的无知表现。而当大前提是错误的时候，所做出的结论自然就是错误的。对中小学教师而言，还需要重视对教案、教学心得、课堂实录等文献的收集、整理、分析、提炼。这是中小学教师科研获得成就的重要原始数据、思想来源与情感基础。

研究目标：研究所要达成的目的及达成程度，研究目标需要分条表述。

研究内容：具体回答研究什么的问题，研究内容需要分条表述。

研究假设：研究假设就是对某一现象在尚未得到实践经验检证的理由预期。而任何研究假设都是根据一定的事实和科学原理做出来的。当研究结果证明这个假设是正确的，它就成为研究的科学结论；反之，则是否定的。

假设的构成一般包括以下五个步骤。第一，通过观察所研究的某一现象的各种情况，占有该现象的各种事实。第二，运用有关科学知识对已经占有的各种事实材料进行科学分析，提出假设，即做出引起这一现象的原因假定。第三，从假定的这一现象发生的原因推出其应有的结果，即如果这一原因存在，就会产生某种结果。第四，验证所研究的某一现象的各种情况，是否符合这个假定的原因所应产生的结果，即看看这个假定的原因所应产生的结果在客观现实中是否存在。第五，根据验证的结果做出最后的结论，如果假定的原因被证实，则假设成立；否则，就需要重新提出假定，另立假说。[①]

创新点：要求表达研究可能的突破。创新点一般分为观念创新、方法创新、内容创新和技术创新四个内容。

研究思路：也就是对研究的整体思路进行描述，具体包括站在什么角度，依据什么理论，采取什么方法，研究什么问题，选取什么步骤等诸要素。

研究方法：研究所选择的具体的科研方法，如文献法、行动研究法等。研究方法撰写的技巧是在对根据研究目标选择的方法做规范性陈述后，突出该方法在研究中的具体运用，体现方法的可操作性。

技术路线：技术路线描述的是研究的主要过程，指研究的准备、启动、进行、再重复、取得成果等环节。

预期成果：对研究可能产生的成果如调查报告、研究报告、结题报告、研

---

① 参见华东师范大学哲学系逻辑学教研室. 形式逻辑［M］. 上海：华东师范大学出版社，2016.

究论文、开发工具的预设。

实施步骤：对研究过程中的每一步的具体做法进行描述。

组织管理：对研究过程的管理，一般包括行政管理与学术管理。

参考文献：所参阅、引用的文献目录需要分条且规范性列出。所录入的参考文献目录对研究及研究成果的科学性、学术价值具有重要意义。参考文献目录展示了研究者的学术视野、学术修养及研究的学术依据。从这份目录中可以对研究成果做出初步的学术预判。需要注意的是，在列举目录时，除经典文献外，尽可能运用最近五年的或最新的文献；并需要注意所引文献原作者的学术身份、研究领域等。

综上所述，研究方案的主要元素构成了研究的主体思想、目标、方法、效果等，每个条目的撰写都有相关的学术要求需要遵守。由于科研管理单位的不同、学术要求不同，在写作的时候，一定要根据具体要求进行撰写。

第二节 科学性与反科学性问题

中小学教育科研本质上是特定领域的高级认知行为，是对未知事物的本质探索。科学认知总是建立在一系列概念的认知基础上，并由这些概念建构起新的解释系统，对事物进行合理的阐释。保证研究的科学性是中小学科研基本且重要的前提，而科学性则通过逻辑性、系统性、一致性、准确性等来体现。

逻辑性。事物的发生、发展都是有规律可循的，这是事物本身发展的逻辑话语。科学的东西总是符合逻辑的。简单说，逻辑就是规律、规则。逻辑性体现的就是事物发生发展的规律性与规则性。从学理上分析，逻辑首先要解决的是真伪问题，只有大前提为真，这个判断才会有价值。一项研究只有概念为真，推理符合形式逻辑规则，才会产生论证思辨的力量，才能对假设做出合理、科学的推论。对辩证逻辑的运用，则是更高形式的思辨推理。科研是对事物客观规律进行客观探究的认知活动，是理性的活动，因此逻辑性是其基本的思维特征。

在科研申报方案中，逻辑性具体指的是命题形式符合逻辑且为真；核心概念、假设、拟创新点及研究方式和成果预期符合逻辑、为真且具有说服力，从命题到成果预期诸元素之间具有不可拆分、颠覆的说服力。如果这些元素之间不具有黏合性就不具有逻辑性。换言之，这些元素如果各行其是其结构就没有逻辑性，没有逻辑性也就没有科学性，因而研究也就失去了价值。

系统性。系统性是保证科学性的重要逻辑思维方式。L.V·贝塔朗菲（L. Von. Bertalanffy）创立了系统论。这是一门研究系统的结构、特点、行为、动态、原则、规律及系统间的联系，并对其功能进行数学描述的学科。系统论的基本思想是把研究和处理的对象看作一个整体系统来对待。科研方案是研究者对研究对象的一系列认知假定，无论是命题还是核心概念、研究目标、研究方法、研究假设等，均是在思维范畴内的思辨和预期，只有在预期得到"实在"的验证后，才能说这些假设是有价值的。然而，这些假设如果要在思辨范畴得到逻辑的证实，就需要从系统的角度去思考命题、背景、核心概念等的整体性。如果某一个元素被放大、甚至被无限放大，那就会产生逻辑错误，因为被放大的元素破坏了系统的整体性，破坏了系统整体的平衡。正因为将研究方案作为一个整体纳入系统思维，每一个元素就必须与研究的核心保持高度的一致性。

一致性。所谓一致性就是研究的出发点、研究的终点、研究背景、研究现状陈述、研究目标、研究方法、研究过程以及成果预期，都是在一个逻辑认知框架之内而不能发生逻辑背离。具体说，出发点与终点是重合的；背景的介绍与研究目标、拟创新点是高度密切关联的；研究方法能够为研究目标服务且能够达到研究的目的；而研究过程全方位为研究服务；研究成果预期与研究目标关联且是研究产生的成果。一致性是系统性的进一步具象化，是系统性的另一种体现。

准确性。准确性是科学性的另一个重要指标。文本语言要准确、精粹，这是不证自明的道理；所引用的数据、引文要准确无误，也是不证自明的。但是，文本语言粗糙，语句冗长，用词不准等现象屡见不鲜，而关于数据和引文的问题也很多。不良学风会在很大程度上破坏科研的学术性、严肃性和权威性。事实上，任何一份科学的研究方案都要具备逻辑性、系统性、一致性、准确性这四个基本特征。以《"区域性推进义务教育内涵式均衡发展的实践研究"课题申报书》为例认识这个基本规律。

申报书按全国课题申报书的结构进行填写，主要成分包括提出问题、核心概念界定、研究目标、研究内容、研究假设、拟创新点、研究思路、研究方法、技术路线、预期成果、参考文献等。命题为区域性推进义务教育内涵式均衡发展的实践研究。如何富有逻辑性、系统性、一致性、准确性地进行论证？首先就需要回到逻辑起点，从问题的提出到参考文献的标注，始终不移地围绕中心命题展开。

提出问题："问题的提出"分三个层次进行描述：义务教育的国际理论研究与实践，义务教育的国内理论研究与实践，本区域教育实践的成果以及在义务教育方面所存在的主要问题。因为区域政治、经济、文化的发展，给基础教育提出了如何满足人民群众优质教育的需求。正是从这个层面上，合理地推出"区域性推进义务教育内涵式均衡发展"的重要命题。提出问题的核心诉求是优化效能，解决不均衡，推进区属义务教育的内涵式均衡发展，化解矛盾，体现公平。这个诉求不仅仅是区域性的，也不仅仅与当时国家的诉求相一致，即使在今天也是非常具有现实意义的。

核心概念界定：核心概念有"区域""内涵式均衡发展"两个。方案通过对核心概念内涵的定义，与外延的划分，揭示了什么是"区域"，什么是"内涵式均衡发展"，且个性鲜明。离开了这个特定语境，其意义将会发生变化或将不再存在。核心概念与命题高度关联，保持了内在逻辑的一致性。

研究目标：共三个目标，分条列举师资目标、教学目标、均衡目标。与命题的核心诉求保持高度一致。

研究内容：从区域研修体系优质化研究、课堂教学优质化研究、教学管理评价研究、区域性义务教育内涵式均衡发展水平监测研究四个方面进行设计，每个条目下又进行细分，构成一个立体、网状的内容建设体系，紧紧围绕着命题。

研究假设：围绕研究目标、研究内容做出合理的想象、推断。

拟创新点：从管理体系、研究方法、研究视角的创新三个角度进行陈述。

研究思路：研究范围、研究对象、研究方法、研究目的都清晰、简洁、明了。

研究方法：精选出调查法、行动研究法、数据分析法三种研究方法，对每一种研究方法都做了具体、细致的描述，让人能明确看出研究者是如何运用这个方法进行操作的。

技术路线：单元式表达研究的主要且重要的环节。

预期成果：分条陈述预期成果，成果的中心语用名词或名词短语进行表述。

参考文献：从众多参考文献中析出主要的、权威的文献，展示了研究者良好的学术修养和学术视野。

该申报方案在结构上是一气呵成的，逻辑地、系统地、一致地、准确地对研究核心思想、观点、方法等内容进行了陈述，获得了专家、学者的认可与好评。

科学性的对立面就是反科学性。在中小学教育科研实践中，常常出现以下错误：规范性不够，缺乏系统意识，反学术性及语言表现乏力等。这些现象的总和就是反科学性质的。

规范性不够，集中表现在文本不规范及参考文献、注释使用不规范等方面。站位不高集中表现在没有政策意识，缺乏基本的理论准备或滥用不规范的网络语言，或对自身的研究缺乏真知灼见，或因为本身的研究肤浅，甚至就是贴政治标签，喊教育口号，玩弄学术概念，等等。缺乏系统意识集中表现在违背形式逻辑基本规则如违背"同一律"，客观上解构了研究方案的自在性。反学术性，集中表现在命题非命题，没有研究的逻辑起点，核心概念切分不当，文献综述窄化、主观化，目标过高或笼统，内容繁杂、无条理，研究方法缺席，对成果夸大其词，等等。

形式上的错误只是一种表象，深层次问题是学风问题、作风问题，其次是学术功底问题、技术能力问题。后两者可以通过学习、实践逐步提高，而前者则需要端正思想，改造学风，需要遵循科学规律，老老实实按规律办事，拒绝浮躁，排斥一切干扰。

第七章　建立知识创新的逻辑框架

第一节　讨论命题价值

知识文化是人类社会的"共同利益"，而"共同利益是通过集体努力紧密团结的社会成员关系中的固有因素"①，每一个社会成员不仅仅只是在享用这份财富，同时，也在参与创造这份财富。也就是说，社会知识是一个建构的过程，是一个不断完善但并不会被终结的过程，因此，使用全社会知识财富与参与创造知识财富其实是一个双向能动的历程。教育科研就是这样一种认知活动，是使用与创造人类新知识的特殊过程。因此，将个体的认知放入社会公共认知框架之中，才会收获积极的意义。

章太炎在谈到治学时说，要"字字征实，不蹈空言；语语心得，不因成说"②。这当然是很高的学术要求与学术境界，但研究者需要有这样的心态与境界对待学术。"学术研究必然处于一个交流的共同体之中，研究者不仅需要对在共同体中表达的思想、观点进行辩理，更需要对自己的研究、观点或主张进行质疑，这是研究的批判性思考的核心。研究者以质疑他人的态度，同样质疑自己研究的立场、价值预设、证据、论证的方式、使用的概念、结论或观点。所以，研究不仅需要才智，需要理论素养，而且也需要勇气、敏锐、开放、诚实等精神品质。"③

如何去辩理？如何去鉴别你的认知是新知呢？这就需要将你的认知放入公共认知框架中去考量。只有在公共认知框架中寻求公共意义，才能够避免自说

---

①　联合国教科文组织. 反思教育：向"全球共同利益"的理念转变？[M]. 联合国教科文组织总部中文科，译. 北京：教育科学出版社，2017：69.

②　金生鈜. 教育研究的逻辑 [M]. 北京：教育科学出版社，2015：45.

③　金生鈜. 教育研究的逻辑 [M]. 北京：教育科学出版社，2015：48.

自话。

这里有三个层次的认知活动。其一，在研究准备期，通过学术论文数据库如中国知网、方正数据库等查找相关文献，也就是采用文献研究法，运用已有文献进行鉴别与澄清；其二，在研究过程及研究结束时，不间断地进行文献检索、查新，看看研究成果在相关领域的位置；其三，成果发表之后的引用状况，此种方法虽然有滞后性，但更有说服力。

比如，当教师提出课题时，为帮助教师判断命题的研究价值，就需要引导教师对命题进行相关的文献检索，并因此做出恰当的判断。

中小学教师在科研活动中是很忽视这项学术工作的，有技术原因，但更多的还是主观因素。因为文献检索的结果往往会对自己的研究产生否定，尤其是当自己的观点、方法已经被别人研究在前、使用在前，认识上的错误、方法论上的错误、行为上的错误，最终导致研究失败。这也是群众教育科研难以取得有价值研究成果的重要原因。或许运用行政手段能在研究活动的推进上加强力度，教育实践变革也能取得很大进展，但是，由于不能、不愿、不敢等多种原因将自身隔离在社会公共认知框架外，从而导致其研究意义处于低层次。

第二节　加强论题与论据之间的逻辑联系

这里需要回归常识：科研活动不仅仅局限在方案的设计、研究步骤的实施、总结提炼的过程，更包括后期的论文写作这项工作。论文写作其实是更深层次、更严肃的研究，是对研究假设、研究方法、研究成果之间关系的再研究，是纯理性思辨。而思辨的过程正是探明学理的过程。论文写作是一项研究工作，而不是研究成果。研究成果是论文需要阐明的核心，也就是研究要得出的观点、创造的方法、创新的技术等。

因此，具有说服力的合理的论证就显得尤为重要。论证需要在论题与论据之间建立强有力的逻辑关系。逻辑关系是事物本身的关系，反逻辑的就是反事物本质的，因此是错误的。从这一点出发就很容易鉴别成果的真伪。

一、强化论题与论据之间的逻辑关系

论题与论据的关系，就是论点与论据的关系。一般来说，因果关系是科研成果表达的基本关系。论据有事实论据与理论论据之分。事实论据就是研究对象呈现的现象、事实及反映这些现象与事实的数据。理论论据就是理性的认知、观点，可以援引的大家观点、经典著作家的语录及公认的原理、原则、观点等。但在研究活动成果的报告中，最重要的是研究者本人的理性认知，也就是对研究对象本质的认知。

反映在论文形式上，就是命题与分命题的关系。以《现代阐释学对阅读教学的观照》为例，核心命题即论文题目。要对这个命题作出合理的解释，就需要回答什么是现代阐释学、阐释学的基本特点、阅读教学存在的问题、阐释学与阅读教学的关系？……①

论题通过"现代阐释学的几个概念""阅读教学实践中存在的几个问题""对话与交流：走出阅读教学困境的重要策略"三个分论点（论据）进行论证。每一个分论点又由各自的论据支撑。

第一个分论点："现代阐释学的几个概念"就由"成见或前结构""视界融合""效果历史"三个核心概念支撑。通过对核心概念的解释，既介绍了现代阐释学的基本理念，又与后文发生呼应，属于理论论据。如对"成见或前结构"的解释，详细记述如下。

> 在现代阐释学中，"成见"直接来自于海德格尔的"前结构"概念。所谓"前结构"，也就是前有、前见、前设。海德格尔认为，人们在进行认知活动时都具有一种被规定性，这个被规定性就是"前结构"。所谓"前结构"就是此在在理解前已先行被历史、文化以及浸润了这一历史、文化的语言和此在以前的经验、习惯所规定。通俗一点讲，"前结构"也就是指个体所受到的文化、经验和习惯的潜在影响。这种影响在人们进行认知活动时，就会发生或正面或负面的引导作用。伽达默尔用"成见"来指这个"经验、习惯"所带给每个人、每个文本的规定性和开放性。从阐释学的角度看，没有"成见"，理解就可能为一种泛公众化现象。而"成见"的存在，就为富有个性化的异质阅读提供了前设。②

这个解释直接与中小学语文教学中对学生生活经验积淀的忽视相关联，为教师创新课堂阅读教学、回归学生主体地位提供了哲学支持。

第二个分论点："阅读教学实践中存在的几个问题"由"忽视个体的经验

---

① 何晓波. 现代阐释学对阅读教学的观照［J］. 中学语文教学参考，2004（C1）：52—54.
② 何晓波. 现代阐释学对阅读教学的观照［J］. 中学语文教学参考，2004（C1）：52—54.

积淀""缺乏个体阅读体验""阅读主体的主体性缺失"三个论据支撑，通过摆事实、讲道理进行论证。以对《忽视个体的经验积淀（节选）》为例，详细论述如下。

> 学习个体历史发展经验和认知水平往往受不到足够的重视，这主要源于成人世界的通病：过高地估计自己的知识水平和生活经验而看轻孩子自由、自在、自发的进步。作为教师，由于职业的特殊性和职业压力，往往自觉或不自觉地忽视了学生作为一个不断成长的个体的事实，忽视了这个成长的过程就是一个不断进行文化积淀、不断社会化的过程，忽视了这个过程不时地在构成新的"成见"，形成新的认知平台，从而不断地对教学活动提出新的要求的事实。在一些教师的潜意识里，学生就是一张白纸，学习个体发展的历史规定性在教学活动中被人为地取消了，学生被动学习的状态不断地被强化。而因这种认识偏差所产生的消极影响在教学中更是时有所闻。

第三个分论点："对话与交流：走出阅读教学困境的重要策略"由"把握阅读教学的目的""构建对话交流的平台""走进学生的智慧世界"三个论据支撑。

从结构上看，对命题的论证具有强烈的内在逻辑性，理论联系实际，通过事实、理论的论证，提出具体的解决办法，完成了思维认知的任务。

二、推论与解释

"推论与解释"，有的又写成"问题与讨论"，虽然二者基本功能大致相同，都是对研究成果及存在的问题、将要采取的措施等内容的理性探讨，但"推论与解释"站位更高，理性更强。在中小学科研成果表述中，更多采用"问题与讨论"的说法。"推论与解释"主要包括以下内容：

证实与证伪：我的观点正确吗？我的方法正确吗？所引用的论据正确吗？针对问题提出的解决问题的策略正确吗？结果是由策略引发的吗？结论正确吗？对结论的解释正确吗？

这是严格意义上的学术讨论，研究者需要有很大的勇气再次对该研究进行讨论，并且需要研究者具有很强的自我批判精神。这一部分内容很少见于各类学术论文和研究报告，即使出现也多一带而过。但这的确是迈向创造的关键一步。即使该内容不见诸研究报告和研究论文，也需要进行自我反思。对中小学教师而言，将这个思辨的过程用于科研总结与成果提炼，其价值远远大于行为本身。

从严格意义上说，"问题与讨论"可以包含"推论与解释"的全部内容，但后者却不能包含前者。从写法上看，"问题与讨论"可以很学术化，也可以很接地气。如果能二者兼容，那自然是上乘之作。这里需要反复提醒的是，这一个环节的重要性并不在于文字的多寡深浅，而在于科研反思思维与自我批判精神的实践。

第八章 复盘

第一节 复盘的概念

复盘本是下围棋的一个术语，就是在下棋结束之后，再将下过的棋路重新走一遍，目的在于检讨得失和提高技艺。作为一种思想工具，复盘就是对已经完成的重要工作、重大事件的思想、历程、行为的再一次回顾、反思和探究，也就是在脑子里将事件再过一次，目的是检查已有的行为的正确性，发现问题，提高认知能力和实践操作能力。

复盘分个人复盘、团队复盘和复盘他人三种类型。个人复盘是行为主体对发生在自己身上的重要事件的再一次思维探索；团队复盘是一个单位、一个部门或一个群体对某一事件的再反思、再认知；复盘他人是对他者重要行为的审视探索。这三种类型各具功能：个人复盘是对自己行为的检审，能够提高个体的行为辨识能力和执行力；团队复盘是对集体重要行为的再次认知，提高的是团队整体的认知力、执行力；复盘他人是对他者成功或失败事件的反思，能够提高类似事件的认知力、执行力，或者避免类似事件的再次发生。

复盘的主要方法是情境重现法和关键点法。所谓情境重现，包含了背景、环境、思维、行为、情绪等内容，是一种较有深度的复盘方式；而关键点法是取其重要节点进行复盘，对具体的情境不予考虑。从使用价值上看，关键点法更多的是抓主要节点，而忽略重要细节，在使用效果上不如情境复盘法，操作也比较简单。所以，下面重点介绍情境重现复盘法。

情境重现复盘法复盘的内容主要包括"现在情况如何？""当初是怎么决定的？""让我们再审视下思考的前提。"

复盘行为主要由问题引导。一般来说，复盘的问题可以分为三个层面：信息层面、思维层面和假设层面。信息层面主要交代事实，也就是叙事；思维层面讲的是观点、认识、想法等；假设层面指对已有事件的基本设定，也就是当初为什么要这样做？

复盘活动中，有引导人、叙述人、设问人三种角色。引导人往往又充当主持人，就是把握复盘方向的人。叙述人就是讲故事的人，他要客观地对事件进行叙述，不添加个人色彩，不进行评论，以保持价值中立。追问人就是对事件及与事件相关的一切内容提出疑问。提问的主要技巧是追问，不断地进行追问。每一次追问，都会引导出新的问题、新的认知、新的思想。需要注意的是，在追问中，不要使用反问句。反问句往往会将事件引向人本身，从而失去追问的认知引导价值。

复盘一共有八个步骤：回顾目标、结果对比、叙述过程、自我剖析、众人设问、总结规律、案例佐证、复盘归档（档案处理）。

这八个步骤不仅每一个都具有自身的认知价值，而且与大家一般习惯的思维方式有区别。它把事件的目标与结果摆在反思活动的首位，突出比对效果，从而获得对事件的整体事实判断和价值判断，由事件主体对事件的叙述、自我解剖。这一步与复盘的目的高度相关，因而也是很重要的。人类难以更新已有的认知、观点，尤其是当事件呈明显的悲剧色彩时，人们往往更愿意将问题、困难推给外部环境而不愿意从自身寻找原因，因此自我解剖才显得格外有意义。众人设问这一个环节是对整体事件产生怀疑。因为质疑可能就会引出新的认知，也可能刷新认知；如果新的疑问产生会引发对事件整体性的批判，将会就全盘颠覆已有的认知。正是在这种批判性思维的引导下，真正的新知产生了。反思、批判并不是复盘的目的，复盘的目的在于寻找能够引导下一步行为的有价值的思想、方法，也就是对规律的探索。当然，仅仅有新的认知还是不够的，也许这个认知本身也是有局限的，在这个意义上论述案例佐证就十分重要了。案例佐证，就是寻找相似或相反的案例，以证明或证伪。最后一个环节是归档处理，目的在于为来者提供思想资源和方法资源。

第二节　复盘案例 [*]

一、复盘对象

重庆大学城某小学跨年级数学研修团队研修活动。

二、复盘陈述

本次研修主体为重庆市大学城某小学跨年级数学研修团队，职初教师 4 人，中青年骨干教师 2 人，其中本科学历 4 人，硕士学位 1 人；授课教师××，女，38 岁，小教一级，区名师工作室成员。研修方式为"教（教学）、研（研修）、课（小课题或研修主题先导）、学（学术化学习）一体化"。以课堂观察法、影像分析法、三角测量法为主要分析技术；以"教师教学行为变化与教学效率的关系"为研修主题；以四十分钟单位教学时间作为分析单元；以开发课堂观察工具—文献研修—研课—课后研讨—影像分析—行为改善设计—改善研修为基本模型……通过主问题及辅助性问题、提问对象、时间投放、教学等待、问题解决方式、评价方式六个维度，研究教师课堂教学行为。本次研修时段为 2017 年 9 月—2018 年 5 月，由重庆市沙坪坝区教师进修学院科研中心教研员 X 主持。

三、复盘技术路线

对研修目标的回顾—达成度比对—当初的设想—反思当初的设想—存在的问题—几种可能性的推演。

需要特别说明的是在每一次的研修活动中，研修团队成员与研修主持人都针对具体内容进行了提问，在身份上常常转化为提问人。而在文献中，观察人

* 重庆大学城第一小学陈雨、欧国莉、涂如玲、陈泓羽、王进提供了本章的数据资料，在此表示感谢。

员撰写了观察内容，他们是事实上的相关内容的陈述人。

四、复盘内容

（一）对研修目标的回顾

本次研修目标为：一是研究、探索改善中小学教师课堂教学行为，提高教师及研修团队教学素养的主要方法、路径；二是改善教师课堂教学行为，提高教师及研修团队教学竞争力。

（二）达成度比对

第一，成功提炼出"教、研、课、学一体化"研修方式。通过为期八个月的研修，执教教师课堂教学行为得到极大改善，课堂节奏急促、语速较快、问题琐碎、碎片化对话等现象得到较大改善，课堂教学组织能力得到提高，教学教育文化得到强化。执教教师的反思能清楚地展示了其思想成长历程。

第二，研修团队变化明显，如对师生课堂教学行为的观察、分析、表述（口头、书面）由生疏到熟练，教育观念也在发生变化。执教教师与研修团队都写作了八千余字的反思笔记与观察报告。其中的观察、分析与结论，不乏闪光的思想和深邃的实践智慧。

由此可以做出判断：本轮系统研修对教师课堂教学行为改善是有效的，促进了研修团队的集体成长。本次研修所采取的"教、研、课、学一体化"方式对教师个体、教师群体的专业成长具有操作意义、实践价值与理论价值。

（三）四次研修数据的比较分析

下面，我们通过对四次研修数据的比较分析来讨论这个事实。

1. 研修主题的变化

初始课：4 的乘法口诀

这节课的目的是通过对常态化的原初课的观察，寻找执教教师教学行为习惯的问题，所观察到的主要问题转换为第二次研修的主题（参见《观察物体》一课的研修主题）。

改进课 1：观察物体

第一，设置核心问题，精简辅助性问题，积极创设教学情境，在生活化的数学情境中学习数学，学习数学思想和数学方法。第二，精要设计教学环节，围绕教学重难点，着力突破。第三，学习关注全体的技术。第四，教师学习等待，培养等待的意识，增进等待的教学价值。

改进课2：探索规律一

第一，突出主问题、辅助性问题的量和质，理清两者的脉络。第二，正确处理容量与主问题的关系。第三，延长重点问题的第二等待时间。

改进课3：探索规律二

第一，问题难易程度的合理分解，找到适合孩子认知特征与心理年龄特征的提问方式。第二，从问题设计着手，抓住核心问题，减少提问、追问，把更多的课堂时间交给学生。第三，学生课堂等待习惯的培养，如如何及时思考？如何倾听老师提问？如何补充同伴回答？

研修主题稳中有变，问题比较集中锁定在主问题设计、等待时间两个关键点上，执教教师在改进问题的同时，新的问题（如教学方法）又随机产生，并在关注教师教学行为的同时，关注学生的等待行为与习惯。这个转换表明教学在进步，观念也在进步。正是在这种不断克服困难的过程中，研修的成果得到显现。

2. 问题设计的变化

观察方向：主问题和辅助问题

其一，《观察物体》主问题和辅助问题观察报告。这节课主要围绕两个问题展开教学：第一，通过从不同的位置观察同一物体，你发现了什么？不同的位置会观察到物体的哪面？第二，怎样找侧面？

对于第一个主问题，辅助问题为：拍的是同一只小熊，为什么拍摄的四张相片却不一样？刚才我们看到了从不同位置拍摄的四张相片，你能找到每张相片在哪个角度拍摄的吗？站在小熊的前面，你看到了小熊的什么？站在小熊的后面，你看到了小熊的什么？站在小熊的侧面，你看到了小熊的什么？

对于第二个主问题，辅助问题为：谁会是看见这张相片的孩子？你怎么知道的？如果我们说，坐在他的位置看到的小熊脸在右边，那么你猜对面的孩子会看到什么？是几号相片？你怎么知道的？通过这样观察相对的两个侧面，你发现了什么？这四个小朋友坐在茶壶的不同位置，那他们看到的茶壶是什么样的呢？下面这些图分别是由谁看到的？同样都是侧面，你怎么知道2号图片是在哪面照的？

教师设置的辅助问题紧紧围绕本节课的两个主要问题，由浅入深，由易到难，层次分明，突出本节课的重难点。

其二，《探索规律》主问题和辅助问题观察报告。这节课主要围绕四个问题展开教学：第一，你能发现哪些规律？怎么知道的？第二，对比三个小题，你能发现它们有什么相同点和不同点？第三，怎样用喜欢的方式创造重复的规律？第四，说说生活中的重复规律有哪些？

对于第一个主问题，辅助问题为：为什么我可以猜中呢？你能发现它们有什么共同的地方？你怎样想到这样填的？

对于第二个主问题，辅助问题为：和同桌说说你的发现。有补充的吗？

对于第三个主问题，辅助问题为：还有没有其他不同形式来表现重复的规律？还有没用声音来表示的？

对于第四个主问题，没有辅助性问题，教师把话语权交给了学生，由学生发挥想象说出生活中的规律。

教师设置的辅助问题紧紧围绕本节课的四个主问题，板块分明，抓住本节课的教学目的：主要培养学生的观察能力，训练学生数学语言规范表达的能力。

其三，《探索规律二》主问题和辅助问题观察报告。这节课主要围绕三个问题展开教学：第一，你发现了什么规律？第二，怎样用完整的话来说规律？第三，发现规律，目的是什么？

对于第一个主问题，辅助问题为：怎么猜中你们抽的花色呢？魔术扑克牌的花色排列，有什么规律？怎么猜出你的点数呢？你发现了扑克的点数排列有什么规律？你发现这里的图和数有哪些规律？

对于第二个主问题，辅助问题为：从（　　　）起，每次（　　　）

对于第三个主问题，辅助问题为：接下来填什么？你是怎么知道的？

授课教师设置的辅助问题紧紧围绕本节课的三个主问题，简洁明了，板块分明，由发现规律、表达规律、应用规律三大板块构成，培养学生的数学思维和训练数学语言的规范表达，体验规律在生活中的应用。

从以上主问题、辅助性问题的设计变化能体现执教教师及研修团队对教材的深度专研，他们对学情的把握及教学方式的相应变化。

3. 师生行为的变化

《观察物体》学生课堂发言观察报告：本次课堂观察学生发言情况主要有以下几点：发言次数、发言学生分布情况、发言学生学习能力层次（说明：学生学习能力层次一栏中，A 表示专注、积极，B 表示不专注但积极，C 表示不积极、注意力易分散，D 表示接受慢）

表 8－1　《观察物体》学生课堂发言观察报告

组次	发言学生分布		学生学习能力层次				分析与建议
	次数	人数	A	B	C	D	
1	2	2	1	—	1	—	学生发言总次数 38 次，小组覆盖率 100％。教师在指名学生回答问题中兼顾到了各个学习层次的学生，但总体来说，上课积极主动的学生更易得到教师的关注。在课堂上，发言人数集中在 8～13 小组，处于教室中后部分，这或许和今天小组设置的位置及教师站位有一定关联，将对这一现象持续关注。在个别小组，教师提问针对同一学生的次数偏多，9 组的一个学生回答了 4 次，这可能有一定的偶然性，但也提醒教师在小组内对各个学习层次的学生要加以关注，从而调动整个小组的活动参与度
2	4	2	3	—	1	—	
3	2	1	—	—	—	2	
4	4	2	2	2	—	—	
6	2	1	—	—	2	—	
6	2	1	—	—	2	—	
7	2	1	—	—	2	—	
8	2	2	1	1	—	—	
9	4	1	—	4	—	—	
10	2	1	—	2	—	—	
11	4	3	2	1	1	—	
12	4	4	2	1	1	—	
13	4	3	2	2	—	—	

表 8－2　《探究规律》学生课堂发言观察报告

组次	发言学生分布		学生学习能力层次				分析与建议
	次数	人数	A	B	C	D	
1	12	7	7	5	—	—	学生发言总次数 43 次，2 组和 3 组在教室居中位置，教师对各个学习层次的学生关注更细致
2	10	7	3	4	2	1	
3	12	8	5	5	—	2	
4	9	8	5	2	1	1	

　　由于小组编排有所变化，只有四个大组，所以从学生位置分布情况上进行对比分析效果不佳，从学生发言次数和发言学生学习能力层次两方面进行了简单的对比，如表 8－3。

表8-3 对比学生发言次数和发言学生学习能力层次表

课题	学生发言次数		学生学习能力层次			
	总次数	参与人数（55）	A（17）	B（21）	C（8）	D（9）
观察物体	38	21	15	13	8	2
探究规律	43	30	20	16	3	4
对比率	+13.2%	+16.4%	+7.0%	+3.0%	−14.1%	+4%
分析与建议	本次学生发言总次数比上一次多5次，增加了13.2%，从全班学生参与情况来看，增加了9人，参与率提高16.4%。这两项数据增长表明教师为学生活动提供了更多的机会，所以学生参与人数与活动总次数相应增多，生生之间、师生之间有了更多的交流互动 但教师在指名学生回答问题时对各个学习层次的学生关注还是有所偏差，学习能力较强的学生在课堂上得到了更多关注，参与度更高。上课注意力分散，和教师互动少的孩子基本不参与回答。这节课中C级同学在课堂发言中处于"边缘"部分 课堂上，教师应关注各层次学生的学习状态，尽量避免一个学生多次答问，避免把回答问题的机会都留给反应积极的学生，对课堂上不太主动的学生可以再多一些倾斜，进一步提高课堂参与率						

《观察物体》教师行为观察报告具体情况如下，本次课堂观察的主要是教师的课堂行为，包括教师课堂问题的提问对象、问题的解决方式及教师课堂的评价方式，如表8-4。

表8-4 《观察物体》教师行为观察情况

教学流程	提问对象	解决方式	评价方式	分析与建议
我是小摄影师	全班	独立解决 教师理答	表扬	整堂课的问题都是针对全班提出的，教师关注到了每个学生。问题的解决方式中独立解决和教师理答是贯穿整节课的主要解决方式。教师的引导和及时反馈发挥了重要作用 在前两个板块主要是引入探究，学生操作，所以问题更多的是学生独立解决。后两个环节涉及巩固练习和问题探究增加了合作解决
找位置	全班	独立解决 教师理答	加星、表扬	
辩一辩，认识两个侧面不一样	全班	独立解决 合作解决 教师理答	鼓励、表扬	
写一写	全班	独立解决 合作解决 教师理答	鼓励、表扬	

《探索规律》教师行为观察报告具体情况如表8-5。

表 8－5　《探索规律》教师行为观察情况

教学流程	提问对象	解决方式	评价方式
引入	全班 3 次	个人回答 4 次 全班回答 2 次 教师理答 1 次	口头表扬 1 次 语言激励 1 次 握手 1 次 微笑
第一关：火眼金睛，找规律	全班 2 次 个人 1 次	独立解决 3 次 教师理答 2 次	口头表扬 1 次 语言激励 2 次 微笑
第二关：填填画画，议规律	全班 11 次 个人 2 次	独立思考 2 次 同桌合作 1 次 个人回答 10 次 小组展示 1 次 全班回答 3 次 教师理答 5 次	加星 1 次 口头表扬 1 次 语言激励 3 次 微笑
第三关：合作探究，创造规律	全班 7 次	同桌合作 1 次 个人回答 4 次 小组展示 3 次 全班回答 2 次 教师理答 5 次	加星 1 次 语言激励 2 次微笑
第四关：七嘴八舌，说规律	全班 4 次 个人 2 次	个人回答 10 次 教师理答 3 次 全班回答 1 次	口头表扬 1 次 加星 1 次 手势 3 次 微笑

注："微笑"基本贯穿整堂课，故没有记载次数。

本堂课教师的评价方式和解决问题的方式更多样，学生的参与度增加且兴趣更浓，授课教师在注重等待时间时，评价方式的多样也为学生的学习助力。《探索规律二》教师行为观察报告如表 8－6。

表 8－6　《探索规律二》教师行为观察情况

教学流程	提问对象	解决方式	评价方式
活动一：揭秘扑克游戏的花色与点数排列规律	全班 8 次	个人回答 11 次 全班回答 1 次 教师理答 2 次	口头表扬 1 次 语言激励 0 次 微笑
活动二：探究例 4 中的图与数的规律	全班 15 次	个人回答 5 次 全班回答 10 次 教师理答 1 次 独立完成 1 次	口头表扬 1 次 语言激励 1 次 微笑

续表8-6

教学流程	提问对象	解决方式	评价方式
活动三：例3认识斐波拉契数列	全班37次	个人回答20次 全班回答28次 教师理答7次 独立完成1次	语言激励2次 微笑
小结全课	全班1次 个人1次	个人回答5次 教师理答1次	微笑

在本堂课的三个课堂活动中，教师提问基本是面向全班学生，对主要教学内容"探索规律"更多的是引导学生对规律的整体感知，特别是活动三作为本节课的一个难点，集体回答的次数明显高于其他活动回答的次数。而经过几次教学活动，在教学活动中教师能够只使用少量的口头表扬、语言激励等方式让低年级的课堂高效地进行。

4. 教学等待时间的变化

表8-7　第一等待时间比较表（部分）

课次及教学内容	分时段（秒）	分时段次数	单位教学时间内总次数	总秒数（秒）	均值（秒/次）	备注
4的乘法口诀	低于1	2				说明：低于1秒的，统一按0.70秒计算
	1	66				
	2	25				
	3	10				
	4	8				
	5	3	119	231.40	1.94	
	6	1				
	7	3				
	8	0				
	9	0				
	10	1				

课次及教学内容	分时段（秒）	分时段次数	单位教学时间内总次数	总秒数（秒）	均值（秒/次）	备注
观察物体	低于1	3	71	122.10	1.72	
	1	42				
	2	13				
	3	6				
	4	5				
	5	1				
	6	0				
	7	0				
	8	0				
	9	1				
	10	0				
探索规律1	低于1	1	74	133.70	1.81	
	1	53				
	2	7				
	3	6				
	4	2				
	5	1				
	6	1				
	7	1				
	8	0				
	9	1				
	10	0				
	13	1				

表8-8　第二等待时间比较表（部分）

课次及教学内容	分时段（秒）	分时段次数	单位教学时间内总次数	总秒数（秒）	均值（秒/次）	备注
4的乘法口诀	低于1	14	111	174.80	1.57	说明：低于1秒的，统一按0.70秒计算
	1	61				
	2	22				
	3	8				
	4	3				
	5	0				
	6	0				
	7	2				
	8	0				
	9	0				
	10	1				
观察物体	低于1	3	69	103.10	1.49	
	1	49				
	2	7				
	3	2				
	4	8				
	5	0				
	6	0				
	7	0				
	8	0				
	9	0				
	10	0				

课次及教学内容	分时段（秒）	分时段次数	单位教学时间内总次数	总秒数（秒）	均值（秒/次）	备注
探索规律1	低于1	0	77	159.00	2.06	
	1	47				
	2	11				
	3	8				
	4	4				
	5	1				
	6	2				
	7	1				
	8	2				
	9	0				
	10	1				
	13	0				

5. 评价方式的变化

由简单化的加星表扬到运用多种方式对学生进行鼓励，帮助学生形成与教师良好的互动交流习惯，关于《观察物体》《探索规律》《探索规律二》的教学反思有利于提升教师的综合能力，使教师能有更针对性的举措，促进师生共同进步，又能激发学生学习的主动性。

六、当初的设想

第一，关于研修方式的选择。如何有效提高教师专业素养和教学实践能力，尤其是通过研究教育教学实践中的问题达到提升促进教学质量的目的，是中小学一线教师和基层教研人员的重要职责，所以应努力探寻这种有效路径，提出"教、研、课、学一体化"研修方式，正是基于中小学教师教学生活实际和工作性质的规定性。

第二，关于执教者的选择。选择一个小学数学区级骨干教师作为研究对象是因为优秀教师的成长是一个艰苦的过程，是真成长而非假成长，真成长就是一个积淀的过程，在成长过程中总有各种问题需要改进，帮助他们成长也是教研员的职责。选择这样有一定教学经验和实践智慧的骨干教师来承担任务具有典型的意义，一是课例对职初教师有示范带头作用，二是能在教学过程中解决问题，为职初教师未来的教学生涯产生良好的预期与引导。

第三，关于研修团队成员任务的设计。在以往的研修活动中，研修团队往往并没有形成一个真正的学习共同体。如何解决这个问题，也是研修团队要思考的问题。首先，每一轮研修活动，研修团队成员根据各自的任务进行课堂观察，并进行课后的点评；其次，在本次研修活动全部结束后，进行书面的汇报整理，这样就能将研修成员全部全程纳入活动过程，先求量，再求质，从量变到质变，在活动中学习观课技术、分析技术和汇报技术，从简单的教学观摩到学术性参与，提高研修品质，又有利于研修团队形成一个真正的学习共同体。

第四，关于教育写作。本次研修非常看重参与者的思想活动以及对思考的表达，如执教者的反思笔记、观课者的观课笔记、研修团队的研修报告等，通过写作将各位研修团队成员的所思所想逐渐深化。

七、存在的问题

第一，工作准备不充分，活动组织者对研修团队成员事前缺乏研修观课专业培训，直到初始课结束，有的参研教师对工具的使用还不甚明白，对教学内涵及分析技术都不熟悉，影响了研修质量。

第二，资料收集不齐全，这是本次研修活动的一个不足之处，主要体现在初始课的资料收集上。由于人员的不确定及准备得不充分，初始课的多项材料没有到位，对后期的分析产生了一定影响。

第三，因研修团队成员的个体差异，分析报告的学术水准不均衡。

第四，工作与学习矛盾始终是一个问题。在研修期间，团队成员因各自学校的参赛事宜等对研修团队成员的精力有限制，虽然各位研修成员都很努力，但也不排除有精力不济、用力不够的情况，影响了研修质量。

第六，有为研修而研修的情况，主要是对研修团队的学术性引领不够，整体上的学术深度不够，在"学"这个环节仍有待提高。

八、推演：几种可能性

如果事前进行一定量的专业培训，参研教师对研修原理、基本概念、操作技术都能有所了解与掌握，在此基础上进行课堂观察，那么参研效果会更好。

如果学校领导重视，通过学校行政安排，每一次都会有学校管理人员到会，会对参研人员造成心理压力，但如果学校行政能适度参与而非强制性参与，或以学校工作室等名义进行，在量与质上可能会做得更好。

如果小学数学教研员参与全过程，会出现什么情况？增进研修的数学学术性，不仅仅是研修的外在形式或一般普适性教育学意义，而是在关注形式的同时，提高研修的学科性和科学性。这里面至少应该有学科骨干教师自始至终的参与。

如果增加教师学术学习的时间与途径，对解决研修问题会提供更多的理论帮助。

第四部分　三种中小学科研
实践形式

第九章 案例研究

一、案例研究介略

案例研究又叫个案研究，也称为经验研究，是一种定性研究方法，广泛运用于社会学、管理学、法学、教育学、政治学等领域，它主要回答"为什么"和"怎么样"的理论与实际价值。[①] 根据分类标准不同，案例研究可以分为单一案例研究、多案例研究，实证类研究、非实证类研究，探索性案例研究、描述性研究案例、解释性案例研究。[②] 探索性案例研究尝试寻找对事物的新洞察，描述性案例研究主要是对人、事件或情景的概括作出准确描述，解释性案例研究旨在对相关性或因果性问题进行考察[③]，本质上是"集中研究某一个单元，其目的在于理解更多的（类似）单元"。[④] 案例研究的经验属性说明其与生活的关联度较高。对案例研究者而言，需要关注以下几个要素：所选择的案例是一个有限的时间、空间系统，事件（个人）与社会背景、政治经济环境的紧密度，收集资料方式、路径、手段的多元，事实、数据的准确，深度描述与解释，语言的准确、规范、可读。

案例研究在中小学有广阔的发展空间，超越经验主义、实用主义及功利主义具有重要的认识价值与实践意义。通过组织教师学习、研究、写作来研究教育教学与教师培训等方面的典型案例，培养中小学教师独立思考能力和创新能力，引导教师完成显性知识的隐性化与隐性知识的显性化的转换。由于案例研

---

① 唐权，杨立华. 再论案例研究法的属性、类型、功能与研究设计 [J]. 科技进步与对策，2016，33（9）：117−121.

② 王金红. 案例研究法及其相关学术规范 [J]. 同济大学学报（社会科学版），2007（3）：87−95+124.

③ 唐权，杨立华. 再论案例研究法的属性、类型、功能与研究设计 [J]. 科技进步与对策，2016，33（9）：118.

④ 约翰·格宁. 案例研究及其效用 [J]. 朱世平，编译. 经济社会体制比较（双月刊），2007：94.

究面对的是非结构化情境，有利于教师面对新的心理情境的挑战，对教师创造学力的开发具有重要潜在价值。

二、案例研究的写作

对中小学及中小学教师而言，根据案例所描述的不同内容，案例可以分为教育案例、教学案例、科研案例、办学案例等。教育案例是指针对学生进行思想、政治、人生教育等行为所撰写的案例，重在政治思想、人生发展等方面；教学案例针对的是学科教学所撰写的案例，主要指向教师的教学技能技巧及解释这些技能技巧的教学思想、教育观念等；科研案例是指描述中小学教育科研活动的案例，探究培养教师的科研意识，学习科研方法，提高科研操作能力的方法；办学案例是指描述学校办学方式方法的案例，指向学校的管理者。从促进中青年教师成长路径及工具的视角去看，笔者比较推崇个人的自我研究与他者研究两种研究方式。自我研究是一种反思内省型研究，是回溯式的；而他者研究是以他人（杰出者、成功者）为研究对象，是外向型的，如《案例研究是一种好方法——从费孝通先生的博士论文谈起》①就是后学者对楷模的学习、借鉴。自我研究可以加速个体的成熟，他者研究往往能带领研究者飞跃。

案例通常是一些实际存在的问题（如某某校某班教育教学中遇到的问题），也可以是经过改编或者虚拟的问题，即便如此，改编的、虚拟的问题也一定是现实中存在问题的折射与反应。

选择的案例需符合教学目的要求，具有典型性，有理论意义或实际意义，或二者兼备。② 它一般具有典型性、情景性与理性等特征。所谓典型性，是指这个案例具有广泛的指代意义，能够通过"这一个"让读者明了"这一类"，甚至达到"举一反三"的效果；所谓情境性，是指案例所描述的事件是发生在教学情境中的典型事件，是围绕典型事件而展开的描述和分析，包含了主要的情节、人物、事件、典型细节和隐含在这些事件之后的事理；理性是指超越时间、空间的普世价值，能够真正体现教育恒定的本质规律。只有掌握好这些特点，才能撰写好案例。

案例由两部分组成：内部结构与外部结构。内部结构包含四个基本要素：

① 孙东川. 案例研究是一种好方法——从费孝通先生的博士论文谈起 [J]. 学位与研究生教育，2017（1）：28—31.

② 顾明远. 教育大辞典 [M]. 上海：上海教育出版社，1998：21.

案例的核心内容，即师生在教学活动中所面临的主要问题或主要任务；案例的主体，即学生和教师；案例运行的过程；案例的结果，包括学生在学习活动中得到的感受、体验、发现和见解，任课教师的教学理念提升和经验教训的总结。案例的外部结构由三大部分组成：案例背景的概述，案例运行过程的描述和案例运行结果的总结。在撰写案例过程中，需要注意以下四点。

第一，要说明故事发生的环境和条件。介绍研究的脉络和背景资料，案例的焦点人物或实践，研究的潜在重要性，初步的文献综述。

第二，故事环节要详细描述。以叙述的形式提供资料，用描述性小标题表示研究方向；将分析与资料相结合；资料描述必须充分能让读者进行自我判断。需要对关键事件的描述。教学中的关键事件并不是指课堂上发生的事件本身是关键的，而是意味着通过分析、判断、研究案例改变教师的意识、观念和课堂行为，寻找其中的规律性等，从而提高教师专业判断力和实践能力。[①] 这在教学行为取得成绩的过程中起到了关键作用。

第三，要有结论或反思：应重述论点，叙述案例分析的结果及对论点的影响，案例分析的结果对人的启示，能引出进一步研究的问题。

第四，要有多元性的思考：要留下多元思考的空间和多元解释的可能性。

在实际写作中，由于研究者的个体差异和写作条件的限制，上述要求也会出现某些变化。

三、案例研究的价值

案例研究是一种自我学习形式，是在案例撰写过程中的学习。从可行性角度考虑，教师在进行案例研究时，首先需要选择好研究的主题，然后要遵从案例撰写的基本要求。撰写的过程其实就是学习、研究的过程，也是自我发展的过程。在撰写案例的过程中，作者完成了经验与理论的转化，实现了个性学力的发展。

---

① 邓妍妍，程可拉. 中小学教师专业判断力探析——以创设教学关键事件为例 [J]. 课程·教材·教法，2010，30 (1)：108－112.

案例 9-1

书香浸润　幸福童年
——倡导亲子阅读，促进孩子健康成长个案*

随着社会进步，人们生活水平逐步提高，家庭教育的观念也发生了变化。家长希望孩子能被教育好。但由于家长普遍缺乏教育理论指导，加之部分家长心态浮躁及方法的错误，往往会造成相反的结果。本案例力求探寻学校教育对家庭教育的引领作用，通过教师在班级管理中运用"亲子共读"的形式联合家庭教育力量，共同营造出有利于孩子健康成长的家庭环境，以家长的言传身教促进孩子健康成长，帮助孩子寻找自己的人生方向。初步探究出具可行性的家庭教育实施方案，对改善亲子关系、促进有效沟通、为孩子心理健康成长提供有效经验。

一、研究对象的基本情况及问题

（一）学生情况及问题表现

刘宇奇（化名），女，8 岁，小学三年级学生。她头脑聪明，反应机敏，学习成绩较好。但一年级刚入学时，学习主动性不高，上课时常注意力不集中，不守纪律，爱讲话，作业极为马虎，字迹潦草，计算不细心，经常因审题不仔细而犯错。

性格方面，在家里由于爷爷奶奶的溺爱，她养成了专横、自私、无礼、霸道的性格，生活自理能力差。在与人交往的过程中，经常为小事生气，大吼大叫，在家中或在班级中都较好强，常常顶撞父母，母女关系十分紧张。她自尊心强，遇事急躁，容易冲动，不愿意帮助别人，但又好表现自己。

（二）家长的情况及问题表现

三代同堂，妈妈对她期望较高，注重她的教育问题。在她很小的时候就要求识字、背古诗、做算术题，对女儿也很严格。但妈妈性格比较强势，性情急躁，处事时常简单粗暴。因为她做算术题时经常出错，为了让她引起重视，二人约定"错一罚十"，结果孩子做题老出错，母子二人硬是从晚上八点做到凌晨两点钟。爸爸因工作关系周末才回家一次，对女儿的管教相对少些。爷爷奶奶年纪已大，与儿子儿媳住在一起，爷爷奶奶又

---

*　本案例作者为重庆市沙坪坝区第一实验小学陈雨，本次发表已征得其同意。

经常偏袒她。在家庭教育中，一边是妈妈的严格教育，一边是老人的溺爱，家庭教育意见不一致。

二、问题行为的原因分析

（一）妈妈的性格对其形成的影响

一个人的成长除其天性之外，与他所处的环境和后天的培养密不可分。从某种意义讲，家庭环境、父母性格对人早期成长都具有较大的影响，更有潜移默化的作用。刘宇奇妈妈虽然对她期望值高，严加管教，但却事与愿违，家长处于想管又没有好的办法有效引导的境地。她急躁的情绪影响着整个家庭氛围，她对刘宇奇的命令、威胁、体罚等行为产生的消极情绪，使刘宇奇也形成了同样的问题，而且彼此之间这种状态相互强化，对刘宇奇的性格行为习惯养成和心理健康成长都是极为不利的。

（二）爷爷奶奶溺爱对其形成的影响

刘宇奇是家里的独孙女，老人格外疼爱。他们一味宠爱，在家无条件地满足她的一切要求。早上起床后她几乎从来没有自己主动地整理过床铺。因为她一起床奶奶就马上来帮她收拾了。她在家养尊处优，指使家人为他服务，感觉家人好像是天生的、理所当然地应该为她做这些事，并不懂得感恩。一方面是妈妈的严格要求，一方面是爷爷奶奶的百依百顺，使她形成了错误的价值观。

（三）学校教育的忽略

一年级时，刘宇奇年纪小，头脑聪明，在学校里问题表现不明显，学校里只对她纪律上、品德上出现的问题进行了简单的约束和引导，未能敏锐觉察到她的家庭教育问题，也忽略了她个性中的叛逆特征。她与同学发生矛盾时常处于急躁和紧张的情绪状态中，在面对和解决这些矛盾时，常常因为她的固执和自负使她的情绪不断强化，逐渐形成自私、倔强而又霸道的性格，慢慢养成她固执、偏激，习惯性索取和很少去想该如何帮助他人的不良习惯。

三、研究策略实施及思考

经过调查、访谈发现，由于家庭教育和学校教育的不当，造成了刘宇奇的自私、急躁、霸道等不良行为日益突显，出现了心理偏差。为矫正这样的行为，教师尝试着做了以下一些工作。

（一）引导家长更新教育理念

刘宇奇妈妈的本职工作并非教师，对教育知识比较贫乏，她在家庭教育中的方法不当使人感触颇深。教师在与她多次沟通的过程中，告诉她："如果你不知道怎么和自己的孩子有效沟通，不知道怎么说孩子才会听，那就说明你需要读书了。"因为她对孩子的期望较高，所以接受了教师提出的专业建议。教师向她推荐了几部优秀家庭教育著作，如李镇西的《做最好的家长》、尹建莉的《好妈妈胜过好老师》及美国亲子教育书《如何说孩子才会听？怎么听孩子才肯说?》……此类书籍的阅读使她学会用愉快的沟通方式与孩子建立亲子关系。读过之后她获得许多有效的经验，还大体上明确了自己应该怎么做，什么不能做。她逐渐改变了以前简单粗暴的教育方法。

（二）指导家长用理论联系实际

刘宇奇妈妈的教育理论提高之后，认识到自己急躁的性格对她的不良影响后明白了言传身教的力量，她也愿意通过改变自身情绪处理方式影响孩子，做孩子的引路人。在与刘宇奇妈妈的交谈中，教师能发现其明显变化：在刘宇奇发脾气生气大吼大叫的时候，妈妈能控住自己的情绪，尽量让自己不发火；在刘宇奇固执、偏激的时候，妈妈有更多的耐心对其行为进行引导和解释……刘宇奇妈妈正在以一颗平静、宽容的心对待孩子。等刘宇奇冷静下来之后，妈妈找她坐下来好好交流，肯定她的感受，并帮助她正确认识和对待自己的情绪。那一段时间，刘宇奇在学校谈起自己最高兴的事，竟然是妈妈变温柔了，好久没有对她"河东狮吼"了！经过一段时间的坚持和努力，母女间紧张和对立的关系也改变了。刘宇奇的变化也显而易见。

（三）亲子阅读让母女共同变化和成长

刘宇奇妈妈主动改善亲子关系的方式提升了刘宇奇的心智，帮助她成长。妈妈知道阅读对改变自己的影响深远，也领悟到孩子同样会受到阅读的影响，这正是大力提倡亲子阅读活动的初衷。每天母女俩坚持班级阅读计划进行30分钟亲子阅读，逐步养成家庭阅读的习惯。两人同捧一本书，阅读后，共同探讨从书中得到的启示，交流各自的收获。这样的阅读可以让孩子开启智慧的大门，可以引领孩子开拓更宽广的视野，可以帮助她加深体验。妈妈经常从故事中启发和鼓励孩子学着关心身边的人，甚至关爱动物和植物。因为妈妈也从阅读中明白：具有爱心的孩子不会成为一个自私的人。孩子也变得乐于接受妈妈的建议了。在阅读中，孩子感悟了和别人分享的快乐，体会到爱是互相的，使她明白付出关心和爱将会收获亲密和关心。

（四）在班级内强化学生心理素质训练

小学生心理训练活动对他们进行心理调适有很明显的效果。针对刘宇奇自尊心强的特点，在她与同学再次发生矛盾时，教师未直接找她说话，而先在班级开展了"做个大家欢迎的人""我很快乐"等系列心理训练活动。让学生通过故事、小品、游戏等形式感悟要成为受大家欢迎的人，应该做到哪些？各自讲讲你最喜欢的一个人，他有哪些交往礼仪或交往方法让你更喜欢他？怎么样自己才会更快乐？活动训练很成功，孩子们积极地谈自己的感想，说得兴致勃勃。刘宇奇最初一言不发，后来她也勇敢地说出自己的想法：做一个快乐的人，应该懂得分享，懂得关爱。

在刘宇奇有明显改变的时候，我以她的表现积极为由借了一本《我很善良》的儿童绘本给她，这是我们班表扬进步学生的方式之一。几天后她把书还我，我在书中找到一张纸条："老师，谢谢你！"

四、初步成果

经过一段时间的尝试和探索，我班以家庭亲子阅读的方式使家长与学生共同成长，亲子关系和谐之后，家庭的幸福感也随之增强。随着家长教育理念及教育方式的转变，刘宇奇的认识及行为都有转变明显，暴躁发火的状况逐渐减少，遇到事情能冷静和理智对待了。学习的态度也明显转变，上课能集中注意力，认真听讲，课后作业书写规范，简单的失误和错误明显消失。

现在，刘宇奇性格开朗且温和了不少，基本能做到遵守纪律，不急不躁。对家长提出的要求也能乐于接受并马上行动，能主动帮家里做一些家务活；能接受教师的正确教导，上课积极举手发言，发表自己的看法；对同学和善、友好，能主动给予同学帮助。在两年多的不懈努力和探索中，她有了明显的进步，虽然也有反复的时候，但她的进步和变化是非常明显的。相信只要家长和教师坚持对其进行引导，加上年龄的增长，心理的逐步成熟，刘宇奇同学一定会敞开心扉，积极向上，健康开朗的生活。

五、反思与讨论

（一）家长加强学习，以正确的思路与方法教育和引导孩子

家长对孩子的期望较高，但却忽视科学有效的家庭教育方法，结果受

到伤害最大的是孩子。多学习，掌握科学的教育理论，形成正确的教育理念是教育好孩子的前提。有了科学的理论和理念，才能正确分析孩子问题的成因，寻求科学有效的解决办法。亲子阅读一方面让父母增长知识，一方面形成良好的影响和引导，使父母既增强教育好孩子的责任感，也为教育好孩子提供了正确的方法。而对于孩子来说，良好的故事典范所形成的榜样力量，使他们自觉地向正确的处事方式靠拢，从而形成良好的品德修养和行为习惯。

（二）和谐亲子关系，增强教育合力

小学阶段的学生易亲近教师、信任教师。在引导家庭教育的时候，教师更应关注和理解学生，在与家长有效沟通后，引导家长形成正确的育儿观，指导其用正确的教育方法。以亲子阅读的方式携手家长共同参与学生的共同成长，为学生打造一个健康的成长环境，还学生一个幸福的童年。

（三）关注学生心理，坚持正向引导

学生的心理容易受影响，也易发生变化。简单方法持续的时间有限，作为教育者的教师和家长应注意观察学生的心理变化，特别是关注学生行为异常背后的心理原因，并探求正确的解决办法。以期从根本上有效纠正学生的错误行为，并引导他们形成正确的价值观和处事方法。家长和教师都应采用正向引导的办法，避免简单否定和粗暴惩罚。

第十章　成长研究

　　成长研究把研究的重点放在教师的个体成长的经历上，通过对其成长经历典型经验的分析、提炼，寻找其成长轨迹，目的是引导自己或启示他人。这种研究根据研究对象的不同而分为自我研究与他人研究两类。自我研究就是以自我为研究对象，而他人研究就是研究那些已经成名的教育专家、名师或其他有影响的教育人物。

　　成长研究基于这样的原理：自我学习是一种最重要的学习方式。人的成长是在与书本的对话中、在与他人的对话中、在与自己的对话中成长起来的。真正的名师都是从教育实践中逐步成长起来的。从职初教师到经验教师再到专家型教师，是一个完整的教育生命过程。有的人走完了这个历程，有的人仅仅是走完了一半，无论是何种情形，每一个人的成长都带着自己的情感、认知、行为和心理烙印，都有几个关键事件。要形成亮点、特色就必须从个人的成长史中探索成长的过程。

　　在教学过程中，教师个人知识参与到活动中，但这种烙有鲜明个人教育经历的教师知识的丰富性难以用语言进行表达。不断反思总结自己的教学经验，提炼优质教学经验，扬长避短；向他人学习较好的经验及教学方法，从而内化为自己的知识、经验，成为教师自我成长的精神食粮。在这个成长过程中，教师并不是放任自流，顺其自然，而是反思、研究、总结、改进，最后修成正果。

　　总结自己的经验和向他人学习都是主体能动精神的体现。从思维方式上看，是一种思维自觉——反思。反思既是元认知，也是社会文化交往行为。从思维自觉的角度看，反思是理解、记忆、反思过程的高端环节，是主体对自身行为的一种自觉，是对思想地再思想，是一种高级思维活动。而成长研究就是对个体教学生活事件链条的思想自觉。研究者站在个体认知的历史高度，自觉地对已发生的教学事件进行审视和梳理，从而对教育元素进行甄别、筛选与重组，并使之进入学习主体的经验范畴。教学生活事件包含了教育的主要元素，如教师行为、学生行为、场地情景、教学内容、组织形式、价值取向、偶发的生活事件、个人家庭生活、社会交往等，构成了一幅教育长卷。对教师成长经历的研究就是对这一生命长卷的不断反省。从社会文化交往行为的角度看，对他者的研究是自己与他人思维的碰撞，是主体间性的能动，从而获得社会文化学的意义。成长研究还需要关注以下四个问题。

第一，保持事件的真实性。成长研究是对教育自身的回归，因此，任何装饰性的描述都会损坏教育事件自身的认识价值。这里有两个方面的问题：一是教师个体自我教育事件叙述的真实性问题；二是他者教育生涯的真实性问题。虽然，对教育事件叙述的绝对真实再现是不可能的，因为当你在选择什么、重组什么、描述什么时，就已经有了个体认知的先在和情绪的倾向性体验，然而，相对的真实性总是存在的，否则，认识就不可能发生。

第二，选择典型材料。成长研究的主要目的是寻找经验，筛选出正确的能重复使用的有效经验方法。因此，对研究对象成长经历中的典型事件、典型材料要进行引申、做出教育学及心理学方面的诠释。

第三，保持完整性。所谓完整就是研究对象的资料应完整。自我成长研究比较容易做到这一点，对个人成长的重要历程脉络清晰，关节点要把握好，就可以做到这一步；对他者的研究，就要高度关注他者成长经历自述的关键词、关键句、关键概念，对重要的文献要进行整理与引用。

第四，工具的准备。这主要体现在他人研究中。首先需要列好采访提纲，对采访者要做事前的调研，了解被采访者的主要经历、重要人生事件、获取的成果和生活态度、教育观念、教育主张等。其次，要准备笔记本、录音笔、相机等。而自我研究也需要事先拟定提纲，筛选典型事件等教育学意义。

下文是一个小学教师的成长研究案例，属于自我研究类型（如案例10-1）。

案例 10-1

一位小学教师的成长研究案例*

一、做最好的自己

如果不能做山顶的一棵松，就做山谷中的灌木吧——但要做小溪旁最好的灌木。

如果不能做大梭鱼就做小鲈鱼吧，但要做湖中最活泼的鱼儿！

---

* 本案例作者为重庆市沙坪坝区第一实验小学朱艳，本次发表已征得其同意。

……

小的时候，总梦想能成为无数繁星中最闪亮的那一颗；长大了，才发现做好自己，即使是一颗小星星也能为这无垠的星空增添一丝色彩。

二、"八朵金花，只剩三朵"

1997年，我从四川外语学院毕业，碰巧重庆市沙坪坝主城区八所小学在这一年新开设英语课程，赶上这样一个机会，也在父母的支持和鼓励下，参加了小学英语教师的选拔。八所小学需要八名教师，我有幸成为这八名教师之中的一员。现在还清楚地记得当时的导师亲切地称呼我们为"八朵金花"。

好一个"八朵金花"，一年多的光景，就走掉了三个。紧接着又因为各种原因走了两个。"八朵金花"，只剩三朵。然而直到今天我仍然庆幸自己的选择，我选择了坚守教育。因为我很清楚地明白，作为一名教育工作者怀揣着的是一个个希望和一声声寄托。而这样的希望与寄托却是沉甸甸的，谁也不能随随便便的任之、摆之。

三、"学会教书，先学会做人"

当一名教师容易，当一名好教师却不易。2001年，我参加了沙坪坝区第二届英语导师制培训班的学习。从导师身上我首先感受到的是一种人格的魅力。"学会教书，先学会做人。"王导亲切和蔼又略带幽默诙谐的语言总能给人以力量，他会让你在轻松愉快的氛围里学习知识、领会精神。没有批评和指责，只有鼓励和宽容。他那略带山东口音的普通话说"××，能干!"至今还时常回荡在我的耳边。我想这正是一种赏识教育，是"爱"的教育。没有情感、没有爱的教育，就像无水的池塘，一片死寂，毫无生气。其实，人与人之间非常需要彼此宽容和理解，师生之间更应如此。老师的一个微笑，一句话语，一个动作，甚至一个眼神都可以给学生莫大的鼓舞。在导师班里我是一名学生，在自己学校学生的眼里，我又是一名老师。特定的双重身份让我更清楚地认识到"爱"的教育的重要性。

"风来了，雨来了，老师捧着一颗心来了。"教育的艺术不在于你机械地重复，抑或是无谓的牺牲，而在于你是否能用智慧开启思维，用创造开拓未来。很多时候，我把自己的班级比作一个导师培训班。学员学得好不好，导师起着重要的作用。我就是"导师"，学生就是一群"小大人"。"不是槌的打击，乃是水的载歌载舞，使鹅卵石臻于完美。"有一分爱，就多了一分宽容；有一分尊重，就少了一分指责。尊重学生的人格，关注个体差异，满足不同需要，创设能引导学生主动参与的教育环境，让每个学生都有机会展示自己，从而培养良好的心理素质，树立学习的自信心。

四、"机遇是留给有准备的人"

在导师班培训的三个阶段中（理论知识的认识和理解、现场课的观摩与学习、论文撰写与答辩），我都有不同的收获。

其一，注重课堂实践。课堂是教师职业生命的主阵地，是教师和学生共同生活和发展的重要场所。我们的课堂应当灵活而富有张力，高效而充满魅力。为了让每一个学生都有表现自我的机会，在日常课堂教学中我尊重学生的个体差异，采取丰富多彩的教学形式。除听、说能力训练以外，还增加画图画、讲故事、手工制作、唱歌、跳舞等能力训练。面对那些调皮捣蛋的学生，我的做法是"化整为零，各施其能"。学生有了施展的空间，信心自然会大大提高，同时还增强和培养了他们集体荣誉感。

其二，他山之石可以攻玉。新课程改革实验，需要教师多借鉴他人成功的经验，这是取得成功的捷径。如何去借鉴呢？最好的方式是听课。不同的老师，授课方式、处理教材、启迪学生思维的方法各不相同，教师抱着学习的态度，肯定能在听课的过程中取长补短，拿他人的有效之"异"及有益之"新"，推自己教学之"陈"。

在导师制培训班的第二阶段学习过程中，现场课的学习和外出观摩让我开阔了视野、增长了知识。作为沙区第二届导师制培训班的学员，2002年10月，在各导师的带领下，我们一行七人前往重庆市开县与当地的英语老师一起开展听、评课交流活动。教师之间相互交换心得，受益匪浅。2008年至2010年我参加了田家炳基金会辅助重庆贫困地区中小学英语教师培训班的学习。2009年作为助教，我设计了"My Face"一课，并将课送到涪陵地区，得到了领导和当地教师的好评。

江河不拘细流，而汇聚成大海。成长过程中的这些点点滴滴，也自然而然地成为我教学生涯中最宝贵的财富。

其三，积极参与课题研究。课题研究是教师成长的"催化剂"，是教师专业化发展的需要。几年来我积极参加市、区组织的教研教改活动，做好笔记，进行经验交流。在导师制培训初期，我把听评课作为自己的研究方向，做好听评课笔记和日常的积累工作。仔细研读新课程标准，转变教育观念。导师的精辟讲解让我了解到现在国内小学英语的最新动态，与第一届导师制培训班学员的亲切交流使我知道要更加谦虚地学习，不断充实自己、完善自我，为顺利完成学业和在学校发挥示范带头作用打下了坚实基础。几年来，我把所学到的最新理念运用到教学实践中，先后组织全组教师开展了"小学英语活动化教学研究""小学英语与其他学科整合研究""小班化英语教学研究""小学英语课堂评价研究"。至今为止，前三项课题研究已经顺利结题。我校又被评为课题先进实验学校，我也荣幸地被评为先进实验个人。

正是有了这样的学习和积累，后来我先后三次参加区英语活动节，辅导学生短剧《两棵树》《森林之王》《守株待兔》《新白雪公主》《虫子和树》获得了各种奖项，指导年轻教师在区级比赛中获得较好的成绩；在全国、市优秀论文、教案、实验报告评比中获一、二、三等奖，并发表在《重庆教育》《师资建设》等刊物上。2004 年，我又光荣地被评为重庆市骨干教师。

五、"做最好的自己"

尽管我获得了很多荣誉称号，但我清楚地明白自己距离成为名师还有很长一段距离。学习、积累、耕耘、收获，我不断地增强自己的底气。回首过去，有我和天真可爱的学生共同成长的足印；展望未来，我信心百倍。

做最好的自己！我愿自己就是小溪旁最好的灌木，是湖中最活泼的鱼儿，是茫茫苍穹中永远努力闪烁的那颗小星。

第十一章　课题研究

课题是研究或讨论主要问题或亟待解决的重大事项。课题研究是开展科研活动的重要方式和途径。做课题的过程就是解决问题的过程。因此，课题研究是解决主要问题或亟待解决的过程。

课题根据不同性质、类别可以做出不同的分类。笔者根据中小学教师科研实际情况，将课题分为教师成长课题、学校课题和规划课题三个大类。

第一节　教师成长课题

一、教师成长课题释义

教师成长课题着眼于中小学教师个体或小团队，它与小课题有紧密关系。小课题又叫微型课题，是中小学科研一种新的实践形态。这种课题的特点是教师在短期内以教育教学中迫切需要解决的问题为切入点，吸纳并利用各种有利于解决问题的经验、知识、方法、技术、理论，探寻解决教育教学中具体问题的对策，是对传统课题形态的创新。由于新颖、独特、时短、有效，小课题研究自从诞生之日起就受到广泛欢迎。有的地区又出现了一种新尝试：在小课题基础上延伸出"微课题"操作，将一学年期的研究周期缩短至一个学期。从中小学教育科研创新视域来看，这些尝试都是有益的。

小课题与学术研究在价值取向、研究方式和成果呈现等方面具有显著区别。从价值取向上看，小课题重在教育教学实际问题的解决，而学术研究重在知识建构、方法贡献；从研究方式上看，小课题主要采取行动研究法，而学术研究采用的研究方法较广泛且专业性更强；从成果呈现来看，小课题主要成果是对教育教学现状的改进，而学术研究的成果则是通过报告、论文等形式呈现研究内容、理论、方法等。

教师成长课题是一个具有确定性内涵与外延的学术性概念，立足于中小学教师的成长性，引领中小学教师的专业发展，以释放教师个体潜能为目的，以促进学校软实力发展为着力点，主张"成长即成果"。

教师成长课题与小课题、微课题的区别在于，后者仅仅是从课题的形态上做鉴别，而前者的立足点是教师的专业发展，同时又兼容了后者的形态特征，这是一个发展了并在进一步发展中的概念。

教师成长课题作为一种具有广泛群众基础的社会精神运动，需要从管理机制、研究机制、评价机制等方面进行创新。一是管理机制。实行集约化管理，简化课题申报、立项、研究周期、评审等程序；赋予教师权利，使责权高度统一。从区域上来讲，要有效推进教师科研，激发教师的科研热情和积极性，需要着眼于全局的引领和管理，因此，要以学校管理为主，以区县管理为辅，立足教师的自我管理，形成区、片区、学校、课题组的管理格局，可以有效形成点、线、面立体互动形态。二是研究机制。教师成长课题主要以教育教学实践中的问题为研究对象，以解决实际问题为价值取向，以促进教师、学生的发展为旨趣，具有内容具体，研究对象实而小，研究周期短，研究成果容易显现的特点，因而需要在立项、开题、结题简化，在研究过程扎实、研究形式多样上多下功夫。三是评价机制。要高度关注教师成长课题研究的多元评价，通过微信管理群等形式，为教师搭建交流展示平台，引导教师用教学设计、课例报告、经验总结、教学反思、学生作品、教学视频等不同形式呈现自己的研究成果，形成多元化评价标准。四是转化应用机制。从操作层面上讲，可以通过召开教师成长课题现场会、成果发布会、学术点评会等形式，宣传其成果，激励教师；也可以通过向上一级教育科研主管部门推荐，做进一步的提升。

教师成长课题研究整体状态最终取决于教师群体的自觉程度。当教师从成长课题研究中获得快乐和幸福时，教师就会真正释放出强大的内动力，而这种内动力就能推动创造学力的发展。

二 、教师成长课题的工具价值

教师成长课题研究在中小学教师教育科研成长中具有模仿学习、科学认知、优化认知结构、释放内动力、发展科学精神五大工具价值。

（一）模仿学习

教师成长课题的研究主体、研究对象、研究内容及研究程度虽然不能与规划课题研究相比，但它本质上还是课题研究，需要遵守课题研究规范，遵循科学研究的思维形式、科学使用技术手段、规范基本程序等，对于没有受过严格学术规范训练的中小学教师来说，这就是一个学习的过程。因而教师成长课题研究就是广大中小学教师学习教育科研的基础。

以科研方法的学习为例。科研方法是科研的工具，只有当方法与研究目标构成一致性关系时，方法才是有效的。事实上，在中小学教师的教育科研实践活动中，科研方法缺失是一个十分严重的问题。所谓缺失，并不是说研究方案中没有文献法、调查法、行动研究法等概念，而是说，每一个具体的研究目标所需要的研究方法事实上是很少有针对性的。知识学习是十分必要的，但知识转换成能力的过程有一个由外到内、由表及里的吸收、内化、外化、固化的过程，中间的桥梁就是实践体验。要真正懂得如何运用科研方法解决问题，就需要在科研实践中去体验和认知。教师成长课题恰恰就是二者的中介。开展教师成长课题使广大中小学教师逐渐学会运用科研方法撰写科研报告、科研论文。

（二）科学认知

科学认知的价值体现在教育实践与教学理论的支持与转化过程中。教育理论因其理论高度和对现象的高度概括性，对"当下"的教育实践很难产生直接的指导意义，这就出现了理论"空转"现象，即理论不能指导实践，实践不能滋养理论。这种现象对教育实践的负面影响很大，在一定程度上阻碍了教师的成长与进步，也阻碍了教育理论的进步，从而对教育实践产生消极影响。开展成长课题研究，一方面要接受教育理论的指导，有一个学习、消化、认同、内化并外化的过程，有一个在实践中学习、运用理论的过程。它较好地解决了理论脱离实践的尴尬局面，不仅让理论获得了新生，更让实践焕发了学生的活力。另一方面，教育实践的千姿百态会增进、补充、修正对教育理论的认识，为理论的发展提供思想素材，并推动教育理论发展。尤其是那些研究卓有成效的成长课题所产生的新的认知、新的技术，又会对教育理论提供丰富的思想素材，成为教育理论与教学实践的桥梁。

（三）优化认知结构

科研作为一种认知工具，它以发现、研究、解决问题、建构理论为基本任务。实事求是地研究问题，批判性地看待问题，创造性地解决问题，是科研活动的基本属性，它需要思维的敏锐性、深刻性、流畅性和独特性。教师成长课题研究属于应用性实践研究，但作为人类认识形式也需要服从认知规律，需要智慧和创造。在对教育现象进行理性的批判过程中，行为主体必然要享受这个属性所产生的种种附加效益，个体的思维品质能得到提升，思维方式也会发生改变。这些变化会在很大程度上改变教师看待问题的角度和方式，从而引发教师的改变。教育研究者需要摆脱常规思维，在发散性思维中寻求事件的真相，而教师成长课题能够为这种思维方式与思维品质的成长提供精神养分，从而为中小学教师成为教育研究者提供了一个重要的前设。

（四）释放内动力

对于广大中小学教师而言，教学常态就是他们的工作常态和生活常态。这种恒定的生活方式塑造了教师个体的行为方式，惰性、保守、消极、故步自封、容易满足成为很多教师的生活态度。这种态度反过来又强化了教学方式和生活方式的因循守旧。而教师成长课题研究需要有积极的生活态度，需要有创新精神。当教师通过课题这个媒介将教学研究与教学改进联系起来，并以此为平台不断深化认知、改善教学生态环境时，创新精神和创造人格都被唤醒，并最终引发一场个体的精神革命。这场革命所释放的能量正是中小学教师作为教育研究者所需要的内在动力。

（五）发展科学精神

科学精神就是追求真理的精神。作为人类文明的崇高精神，它表达的是一种敢于坚持科学思想的勇气和不断探求真理的意识和决心，具有丰富的内涵和多方面的特质。求实、探索、创新正是科学精神的重要品质。求实，就是不虚妄、不粉饰，实事求是地面对教学过程中真实而急需解决的问题开展研究，发挥教师成长课题研究服务教育教学的根本精神；探索，就是敢于面对那些难以解决的教育教学问题，坚韧不拔、不怕失败；创新，就是"标新立异"，就是"创造性破坏"，就是不断进行新发现、新创意、新开拓，从而将朴素的教育教学生活演绎得丰富多彩。

三、实践案例①

（一）事件概述

重庆市沙坪坝区是重庆传统的科教文化中心区，十分重视教育的先导地位及科研的引领作用。进入 21 世纪，新一轮基础教育课程改革全面启动，以全国教育科学规划课题"校本教研与教学优质化研究""区域性推进内涵式均衡发展的实践研究"为龙头，引领区域内中小学的发展。随着区域教育改革的进一步深入，如何引导广大教师投身教学变革、提升专业素养、提高教学品质成为区域教育内涵均衡、优质发展的重要任务。2010 年，沙坪坝区将教师成长课题研究纳入《沙坪坝区教育科研"十二五"发展规划》，并于 2011 年春季正式启动。

（二）推进路径

1. 第一阶段：2011 年 3 月至 2014 年 5 月

2011 年春，沙坪坝区正式推出"中小学教师成长科研项目"。2014 年，区教育科研管理团队对成长科研进展状况进行了混合研究。具体做法是通过 2011—2014 年年度区域成长科研课题的分类统计，描述成长科研发展的基本态势。选取具有代表性的管理报告作为样本进行分析，探寻教师成长课题研究的价值。将 2012—2013 年年度结题的 200 项课题作为样本进行分析，讨论成长科研成果的具体情况，揭示教师实际研究能力。2011—2014 年年度教师成长课题发展态势数据描述。

表 11-1　2011—2014 年年度成长科研申报数量分学校类别统计表

年度	普通中学		中职	小学		幼儿园
	名校	普校	职教中学	名校	普校	公办
2011	16	101	10	43	122	1
2012	14	43	0	23	59	14
2013	28	46	2	40	137	7

① 何晓波，罗咏梅，谭铄纱，等. 成长科研：中小学教师成为教育研究者的一个路径 [J]. 华夏教师，2018（5）：6-9.

续表11－1

年度	普通中学		中职	小学		幼儿园
	名校	普校	职教中学	名校	普校	公办
2014	21	82	10	4	90	10
合计	79	272	22	110	408	32

注：有一定影响的学校归为名校，将一般学校归为普通学校；社会力量办学幼儿园没有参加这项活动。

表11－2　2012—2014 年年度教师成长课题研究中中学高级职称教师申报统计表

年度	普通中学	职教中心	小学	幼儿园
2011	—	—	—	—
2012	5 人	0	0	0
2013	7	1	0	0
2014	7	1	0	0
合计	19	2	0	0

表11－3　2011—2014 年年度教师成长课题研究内容统计表

年度	中学			小学			幼儿园
	学科教学	学校德育	班级管理	学科教学	学校德育	班级管理	保教
2011	110	10	3	150	5	4	6
2012	54	2	1	79	2	1	14
2013	74	0	0	177	0	0	7
2014	110	2	1	104	7	0	10
合计	348	14	5	510	14	5	37

表 11-4　2011—2014 年年度教师成长课题研究周期统计表

年度	中学			小学			幼儿园		
	一年	二年	三年	一年	二年	三年	一年	二年	三年
2011	66	57	0	130	23	0	6	0	0
2012	47	10	0	74	7	1	10	4	0
2013	60	14	0	136	41	0	7	0	0
2014	65	48	0	76	28	0	10	0	0
合计	238	129	0	416	99	1	33	4	0

以上数据真实地勾画出区域成长科研的发展趋势：四年的申报数量除 2012 年有所下滑外，其他三年整体上稳定，说明学校和教师都有一定的积极性。教师成长课题申报主体是中低级职称教师，也有高级教师或刚参加工作的教师，这说明其研究动力不排除功利性目的。学科教学研究内容丰富，基本覆盖中小学各教学领域，而德育与管理研究有所欠缺。研究周期相对集中在一年。

教师成长课题既受到特定群体的欢迎，又逐年得到巩固，还为改善教学环境和促进教师教育教学研究发挥了重要作用；但具有丰富教学经验的高级职称教师参与度不强，如何促进高级职称教师更大范围的参与，是一个亟待解决的问题。

以 2012—2013 年年度已经结题的教师成长课题进行样本分析，选择研究主题、核心概念、研究方法、研究成果为基本分析元素，可以得到以下结果。

研究主题一般都能够与教师当前的教学活动结合，但也有个别的研究主题超纲，如对"心理视觉"的研究，显然就超过了普通中小学教师的能力范围。部分研究报告对核心概念的表述不是很清晰。部分研究报告对方法的描述多为概念性的，缺乏针对性。部分研究报告对成果的表述变成了对研究过程的描述。

中小学教师在研究方面的观念与能力、热情与产出有一定差距，操作技术不到位。这说明中小学教师科研素养不够，研究能力偏弱，这是研究成果不够显现的重要因素。

2. 第二阶段：2014 年 6 月至今

针对第一阶段出现的问题，区域加强了行政管理、学术引导和科研基本能力培训，对立项前的指导、过程中的引导、结题时的帮扶及学术成果的提炼与表述，都尽可能做到具体、细致、有效。

这一阶段需要从以下几个方面进行强化。一是厘清成长科研目标及系统，把握发展的重点、难点。（如图11-1）

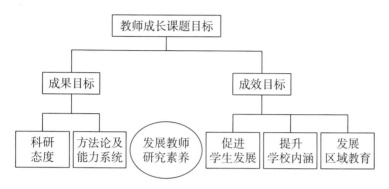

图11-1 教师成长课题目标示意图

要发挥教师成长课题的专业成长助推功能，需要厘清成果目标与成效目标。成果目标直接指向活动主体将要达到的学术基本要求，即组织者预期达到的成长科研主体的科研态度、科研方法及科研技能技巧的养成，能够在正确的科研态度引导下，运用方法与技术研究和解决问题。成效目标主要关注研究产生的效果，如教师科研素养的积淀、学生、学校等可能会发生的变化。就二者关系而论，成果目标是第一位的，成效目标是关联产物。

二是建构实践模型，科学、有效地推进教师成长课题的相关研究（如图11-2）。

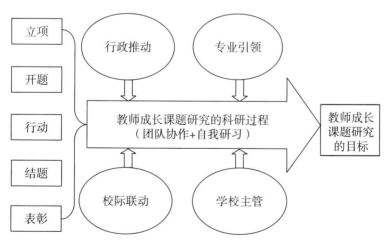

图11-2 教师成长课题研究过程示意图

重庆市沙坪坝区成长科研实践模型在系统理论的支持下，由课题过程管理、管理行为主体（课题组、学校、区域）和推进方式（行政、学术）构成，合力指向教师的专业发展。其中，学术引领在这一时期得到了特别强化，区域层面将高等院校、科研院所等专业力量引入，学校层面将区域内科研人才资源进行整合，形成了理论与实践的融汇，从而为转识成智，引领成长科研的品质发展，提供了可能性。

三是完善评价制度，通过专业化评价，引领成长科研（如表11-5）。

表11-5 教师成长课题研究评价标准

指标与权重		内容与方式	得分
研究设计 （10分）		课题符合成长课题特征、课题申报材料规范（2分）；研究目的明确、研究内容具体（2分）；课题组成员搭配合理、分工明确（2分）；研究步骤合理、方法适当（2分）；有可操作的学期研究计划（2分，缺一项减1分）	
研究过程	课题开题 （5分）	有会议开题佐证材料（1分）；有开题报告（1分）；有开题会议记录（1分）；针对开题会议组织专题研讨并修改、完善开题报告（2分）	
	文献学习 （5分）	查阅并学习与课题研究相关的文献资料，每个研究成员每学期针对文献手写读书笔记不少于3篇，每篇不少于500字（少一篇减2分）	
	学习反思 （10分）	围绕研究课题每个研究成员每学期手写案例、叙事、反思或随笔不少于3篇，每篇不少于500字（6分，少1篇减2分）；每学期撰写1篇阶段小结（4分，缺一篇减2分）	
	经验交流 （10分）	课题组自行开展组内经验交流活动不少于6次（有交流材料和交流记录每次1分，少一次减1分）；课题组成员每学期参与至少一次校级及经验交流（有交流材料和交流记录4分，无减4分）	
	活动开展 （20分）	教学类课题：课题组围绕课题上研究课每学期不少于2节（有研究活动简案、有研究目的明确的研究课教案或学案、有听课记录、有交流讨论纪要、有活动反思，少一节减5分） 教育类课题：课题组开展研究活动每学期不少于2次（有研究活动简案、有活动过程记载、有交流讨论纪要、有活动案例、有活动反思，少一节减5分）	
	过程管理 （10分）	有研究过程管理制度并落实了相关制度（2分，无制度减2分）；有研究过程资料档案（规范5分，一般3分，残缺0分）；按时上交开题报告、研究计划、活动资料、结题报告等文档（3分，差一次减1分）	

续表11-5

指标与权重		内容与方式	得分
研究成效	研究成果（15分）	研究过程资料翔实，形成有推广价值的教育教学模式或策略（15分）；研究过程完整，有可供借鉴的教育教学经验（10分）；研究过程较完整，有独特的教育教学感悟（5分）；研究过程不完整，像一般性的工作总结（2分）；完全或部分下载（0分，不予结题）	
	研究效果（15分）	课题组成员参与区级及以上现场赛课、基本功比赛或技能大赛获奖（5分，校级二等奖以上每项1分，校级以上奖励每项2分）；撰写的与课题研究相关的论文、教学设计或案例获区级及以上教育行政部门、研修机构、学会奖励或在公开刊物上发表（5分，每篇1分）；课题组相关研究活动被校外教育媒体报道（2分，每次1分）；课题组研究成果获区级及以上奖励或在更大范围内推广应用（3分）	

　　教师成长课题研究的出发点与归宿在于促进教师的专业成长与专业实践，主张"成长即成果"，因而特别强调对过程的关注，引导教师真研究、不虚妄、不粉饰、不造假，通过"在场"体验研究，学习研究的思维、方法等。同时，也强调教师对科研思想、科研工具的学习与规范使用。

　　四是搭建平台，为成长科研成果的换档升级提供机会。每一学年度区域教育行政管理部门、科研管理部门都会召开一次大型的表彰大会，对脱颖而出的先进个人、优秀成果进行精神与物质的奖励。提供展示机会，通过组织举办优秀成果发布会，推出新人，推广成果。将优秀成果推荐给市级科研管理部门，参加市级规划课题的立项申报和优秀成果的评选。这些措施在很大程度上进一步激发了学校和教师的热情，促进了成长科研的上台阶、上档次，多年的实践证明，成长课题研究对中小学教师从感性走向理性、从经验型转向研究型、从教育教学现场走向教育研究，具有重要的发展意义与实践价值。

第二节　学校课题

　　课题类型因为分类标准不同呈多样态。根据课题管理权限可以分为国家课题、省市级课题、区县级课题、学校课题；根据课题性质又可以分为规划课题、群众课题等。笔者仅从学校课题与规划课题两个角度进行研究分析，其他类型的课题大体上不会与规划课题的学术要求相左。

学校课题就是学校级别的课题，也就是具有独立办学主体的办学单位——中小学（幼）面对本校教职员工的课题。这类课题严格意义上讲，不属于正规的科研课题，其目的为调动广大教师积极关注教育教学，用科研的思维、方法观察、研究教学，为改善教学生态、提高学校办学水平，发展教师专业水平服务，具有广泛的群众性和实践指向性，本质上属于群众性科研课题。

学校课题主要由学校教科室组织管理。根据众多学校的科研实践，学校课题虽然也遵循一定的教育科研管理秩序，但在学术管理上要求较低，一般以年度课题为主，对学术成果的要求也较低。由于学校的类别及办学水平、师资力量、社会资源等条件的不同，尤其是区域经济、政治、文化等方面的不同，各个学校对学校课题的要求也不完全相同。

由于学校课题的群众性和实践指向性对学校发展发挥着潜在的杠杆作用，高度重视这种科研形式对学校及教师个体发展的作用，是学校办学者和学校科研管理者的责任和义务。

首先，加强思想上的重视。很多学校对待学校课题有不同程度的偏差。有专家认为学校教育科研存在着有行动无研究，有研究无成果，有成果无转化，有方法论无具体方法，有定性无定量，有叙事无提炼，有课题无问题，有师本无校本，有分析无元分析八大方面的问题。① 也有专家指出群众性教育科研存在"塑料花"现象、"枪手"现象和"剪刀＋糨糊"现象。② 这里有观念问题、水平问题、方法技术问题和管理问题，只有在思想高度上加强重视，才可能找到解决问题的办法。总有那么一些学校和一些个人认为中小学教育科研就是写一篇文章，就是做一个课题，这些错误的认识导致行为偏差。

1896 年，皮亚杰就倡导教师主动参与教育科研。1925 年，杜威就鼓励教师通过反思解决教育教学实践问题。20 世纪 60 年代，英国课程理论家斯腾豪斯就呼吁"教师即研究者"。澳大利亚学者凯米勒、美国激进派教育家霍林沃斯和米勒都认为教育科研可以作为教师专业发展的一种武器。③ 只有正确认识问题才能解决问题，而持续、有价值的学校课题研究才会点燃中小学教师科研

① 郑金洲. 学校教育科研中存在的八大问题 [J]. 人民教育，2007（6）：49-52.

② 杨太清. 引领群众性教育科研不断前行——中国教育学会"十一五"教育科研工作会暨成都市青羊教改实验区现场会综述 [J]. 中国教育学刊，2006（11）：73-78.

③ 于小源. 县域中小学教师教育科研状况研究——以浙江省 C 县为例 [D]. 上海：华东师范大学，2013：1-134.

的激情。

其次，需要科学有效的组织管理。组织管理是一门系统科学，它由决策、规划、组织、评估四个环节构成。决策是对研究问题进行决断；规划是对已确立的活动进程中的时间节点、责任人、成果呈现方式等方面的具体计划；组织是指设计并开展学习、研究、归纳、梳理、提炼、写作等学术活动，是对研究过程的具体铺展；评估，是对课题研究行为及研究效果进行过程性、终结性鉴定，做出判断价值。具体讲，学校科研管理部门要对年度科研活动做出具体安排，并逐一落实。

最后，从学校发展和特色发展的战略高度布局把控学校科研课题。学校发展是一个时代范畴，不同时期学校发展的重点、难点、特点是不一致的。学校发展不仅要回应主流社会的价值诉求，也要回应家长的需求，学生发展的需要。因此，学校的教育理想、阶段价值追求，总是与时代、社会、家庭相呼应的。在此基础上，学校往往会提出一个富于理想又具有现实意义的项目或课题，以此作为推进学校发展的杠杆。如果将这个项目或课题的众多任务分解下来，分散到各个处室、各个年级、各个班组，就会形成"纲举目张"的科研格局，形成总课题（项目）与子课题的子集关系。课题承担者要树立基本的科研道德规范，接受学校科研管理部门的管理。

第三节　规划课题

规划课题是教育科学规划课题的简称，属于教育科学规划办公室管理的课题。不同级别的教育科学规划办公室所辖的课题级别不同。全国教育科学规划办公室的课题属于国家级课题，省市级别的就属于省市级，区县级别的就属于区县级。级别不同要求也有差别，但其科研属性却是一致的。

从全国级别到区县级别规划课题有一种隶属的业务管理关系。全国教育科学规划办公室管辖各省市教育科学规划办公室业务和其他单列系统（如高等院校）的教育科研规划课题业务，依次类推。所以，课题申报就必须由下而上，逐层报、批、送，不得越级。由于现在规划课题的管理越来越规范，要求也越来越高，实行限额申报，对广大中小学校而言，能申报省市级别的规划课题已属不易。因此，将申报直接上级主管部门的规划课题作为申报目标是比较恰当的。虽申报难度大，但也鼓励有条件的教师积极申请。

　　学校是课题的申报全体，课题申报对学校意义重大。它是学校近期发展目标或近时期工作重点的学术诉求，是学校发展的重要杠杆，办学者需要从学校发展的战略高度上重视这项工作。从技术层面讲，规划课题申报及其后期需要做好以下工作。

一、选题

　　选题本质上是对学校教育教学工作一个时期内发展方向性的预判，原则上要以国家、省市教育发展的大背景为规划课题研究的社会背景，以学校教育教学实践需求为价值取向。具体路径可以从已经结题的学校课题、市区规划课题或其他类型课题中推陈出新，保持学校的发展战略；可以从已有的学校成果中演化出富有新意的课题；也可以是当前亟待解决的教育教学问题等。无论是哪个选题都需要做好对已有成果或工作经验的充分总结、提炼，并明确问题。只有研究问题为真，研究才具有意义，才会使课题具有新颖性、独特性，课题申报成功的概率才会更高。

二、撰写申报方案

　　撰写申报方案是一项技术性很强的工作，需要遵循学术规范。不同级别的规划课题的申报要求也是不同的。越是级别高的课题，学术要求就越高，因此，要严格按照申报书的各项具体要求进行撰写。撰写申报方案需要一个团队之间进行合作，由学校层面的课题主持人、主研人员组成写作班子，集思广益。同时，需要在申报方案初稿成型后，邀请市区专家进行多次论证，达到集萃化精的目的。

三、开题论证及方案修改

　　研究是认识活动，是在思想领域进行探索新知的活动。事物是发展变化的，认识也在不断变化、深化。因此，通过开题答辩，再次听取专家、同行的意见就弥足珍贵。要充分论证方案的合理性及研究中存在的问题，尤其要深入讨论问题，更要听得进反面意见尤其是批评意见，从各方意见中完善研究内容、方法等。而方案的修改则是对前期认识的补充、完善和纠偏，是正式开展研究之前的一项指导工作。补充、完善、深化、纠偏，就是对规划课题研究本质的不断接近，保障了研究方向不会走偏。但是，在实际情况中，这项工作并没有得到充分的重视和落实，从而消解了开题的学术意义和实践指导价值。

需要特别指出的是，开题不仅仅是一项仪式，更是一项有深度的学术活动。因此，为了保障规划课题的开题质量，应邀的开题专家原则上应是在本专业中的权威学者或专家。

四、管理工作

课题管理有三个层面：一是课题批准单位及委托管理单位的业务管理；二是学校科研室的规范管理；三是课题组内部的学术管理。前两者是外部管理，更多的是形式的、刚性的要求；后者是课题内部的管理，是直接的、柔性的要求。

课题组内部管理的主要职责是督促并调动课题组全体成员包括课题组负责人在内的人员的研究积极性，将课题研究进程、重大活动、时间节点、研究方法、成果呈现及责任人等内容通过课题研究计划充分细化并逐一落实，将研究效果最大化。

五、成果提炼

规划课题研究需要提供对研究对象的新认知，即新知识、新方法、新工具等，为研究者及后来者提供新的思想、认识路径、工作方法等，能够体现这一价值的就是科研成果。科研成果虽然呈现的形态众多，但对中小学校而言，调查报告、研究报告、与课题研究相关的论文及专著是主要的形式。在研究的每一个阶段都会产生相应的成果。只"行"而不"研"，只"研"而不"究"，就很容易将规划课题研究当成一项工作推进或者从实践层面将其变成一个工作开展。舍不得在成果提炼上努力，客观上会造成中小学教育科研研究质量不高这一情况。

成果提炼是对实践效果的进一步确认，是对研究对象的深入探究，理性反思、科学追问，是研究过程中的研究手段。成果提炼的重要价值取向有三个维度，即推高个人素养、促进团队进步、推动学校升级。推高个人素养，主要指在成果提炼过程中增进了研究者的学术内功，在思想、观点、方法、工具等学术成果的传播过程中扩大研究者的学术影响力。促进团队进步，主要指研究团队成员的集体进步，团队内每一个成员应恪守职责。推动学校进步是指科研成果对学校已有经验、做法、思想积淀等的凝练升华，有利于发挥科研成果对学校发展的引领和导航作用。科研成果是真实、合规律且实践价值取向鲜明的，而学校层面也乐于以此为抓手，推进学校的深度发展、可持续性发展。

六、成果转化

中小学科研的主要目的是解决教育教学中的实际问题，针对性、操作性较强。那些具有一定学理、取得一定操作经验的规划课题的科研成果，理应在课题研究结束之后进行再深化、再研究、再推广。但是，将科研成果束之高阁的事却时有发生，大大浪费了其有限的人力、物力，实为可惜。

推广的形式是多种多样的：再深化研究是一种推广；将课题成果在学校内进行宣讲是一种推广；将课题取得的成果运用于学校其他年级、班级及其他教育领域是一种推广；在行政区域内，通过学校联盟进行验证是一种扩大推广；将成果公开发表出去是一种学术推广；等等。加强对科研成果的推广有利于实现规划课题的成果转化。

附　录

展示性学习的价值与实践改进[*]

何晓波　王正青

（重庆市沙坪坝区教师进修学院、西南大学）

一、展示性学习的意蕴

对一个概念的认识源于对其内涵、外延及特征的揭示。展示性学习作为一个教学概念，有别于研究性学习和合作学习等，但它们之间又有着千丝万缕的联系。这种联系体现在展示性学习对其理念、技巧的吸纳与自然运用等方面。从内涵来看，展示性学习是以问题为先导，以"独立学习→同伴互助→外显展示→及时评价"为程序系统，以小组（个体）的班级展示交流为表现平台，以激活学生群体智慧，释放个体潜在能力，提高课堂学习品质，培育学生创新精神，促进学生社会化发展为愿景，以通过表现达到善待自己与欣赏别人、个体多样表现与群体共同发展的统一为目的的一种学习方式。[①] 本文的展示性学习以中小学课堂教学活动为边界。

作为一种教学方式，它有四个鲜明特征。第一，知情意发展的核心地位。它一反以知识学习为目的的课堂教学模式，将学生认知活动与主体精神、情感发展嵌入教学情景中，凸显学习活动对个体精神和谐发展的重要意义。第二，"学以致表"的独特学习方式。将思维过程与认知结果外化，是一种重要的学习方式。学生的潜能会因为由内而外，以内养外的学习路径被激活，不仅能够

---

* 本文曾发表于《教育导刊》（上半月）2014 年第 7 期第 67－69 页，收录时有删改。

① 肖龙海. 论表现性学习的理念 [J]. 课程·教材·教法，2006，26（2）：26－29.

提高学习效率，而且也会释放潜在的综合素养。[①] 第三，鲜活流动的生态化环境。第一，生态化强调的是自然状态，课堂活动的主体是学生。第二，生态化强调的是变化发展。由于自由地浸润在精神文化世界中，学生不再被刻板的教学预设奴役。在不断变化的精神生活中，变化、增长的依然是精神生命。第三，生态化的第三个特点是和谐共生。井然有序的世界总是充满生机，反之，则充满破坏。在展示性学习环境中，"和而不同"的群体在拟社会化情景中相互协作，共生共荣。第四，生态化强调的是学习结构的整体性。整体性是事物的特征之一。认知活动就是人类特有的整体性精神劳动。展示性学习的效力有赖于自身系统的有机和谐及系统内部元素的能动程度，因而任何对这个有机体进行割裂的行为都是对整体效能的伤害。虽然在不同的单位教学时间内，每个元素被强调的程度可能会有所不同，但作为有机体的组织结构却不能因此残缺。

二、展示性学习的价值

（一）实现学习本体性目的

在学习这一特定社会行为中，只有当学习者发挥自身的主观能动性时，才会构成真正意义上的复合性主体。但在日常教学活动中，学生的学习行为常常是被动的，其主体性被弱化、虚化，甚至异化。造成这一现象的根本原因之一在于人们没有认识到学习具有独立性特征[②]，从而在行动上消解了学生真正意义上的独立学习。展示性学习以学生个体的自主学习为前提，因而在实践层面能够"实现学习本体性目的"[③]，能较好地解决学习主体性缺失的问题。

（二）促进学生认知发展

展示性学习以展示为平台，外显其在学习过程中的收获、有待解决的疑难点或在学习过程中产生的新问题等。对每一个参与展示的学生来说，这都是一个良好的自我学习机会。因为展示者要把所学知识讲清楚，就需要尽可能地准确理解、把握、消化、表达知识要点，建立知识之间的联系。对其收集的信息

① 肖龙海. 论表现性学习的理念 [J]. 课程·教材·教法, 2006, 26 (2): 26-29.
② 罗祖兵, 温小川. 学习独立性的意蕴及其实现 [J]. 全球教育展望, 2013, 42 (3): 31-38.
③ 罗祖兵, 温小川. 学习独立性的意蕴及其实现 [J]. 全球教育展望, 2013, 42 (3): 31-38.

重新编码、储存、输出，是吸收、消化、创新的过程。由于个体思维是整个学习团队活动的一部分[1]，没有参与展示的学生也会在这一过程中因为互动而有"理解"[2]，于是接受、消化、建构新的知识链接。

（三）培育学生创新思维

认知发展与思维发展是一组能动关系，前者解决的是知识学习问题，后者解决的是思维形式、思维品质问题。讲授式占主导地位的教学活动是以储存知识为重点，以量为标志；而展示性学习是认知过程与结果的外现，展示者要对所学知识进行独立的思考与判断，凸显思维发展的特殊功用。展示者与非展示者之间的质疑与答辩本质上是批判思维、创新思维自我孕育、自我发展的过程，也是创造能力提升的过程。佐藤学认为在教室里，各种各样的意见、想法相互呼应便产生了如同交响乐一般的教学。[3] 在这个过程中，各种能力因外界刺激而活跃起来。一个人不同时期思想的不同或者其自身和他人之间思想的不同都可以激发他的认知系统运作，从而使其智力得以发展。[4] 因此，展示者与非展示者都会获得促进高层次思维发展的契机。

（四）孕育学生社会化发展

社会化进程是每一个社会成员所必须经历的过程。学生在校学习的不仅仅是全人类的科学文化知识，还有作为现代社会成员的个体社会化的基本内容。展示性学习有个人、小组、组际活动，有质疑、对应等，涉及文化知识、社会身份、人际交流、道德规范等多重内容，是特定情景下的社会文化交流活动，是个体与个体、个体与小组、小组与组群之间的互动，是一种真实的社会情景学习，而"学生在认识和表现事物的同时，也在表现自己并建构和他人的联系"[5]。这是展示性学习能够帮助学生走近社会角色舞台的重要原因。

---

[1] 朱虹，刘晓陵，胡谊. 社会文化观下的教育心理思想——维果斯基的机能性系统分析视角[J]. 全球教育展望，2013，42（3）：25—30+10.

[2] 叶澜. 课堂教学过程再认识：功夫重在论外[J]. 课程·教材·教法，2013，33（5）：3—13.

[3] 佐藤学. 静悄悄的革命：创造活动、合作、反思的综合学习课程[M]. 李季湄，译. 长春：长春出版社，2003：44.

[4] 罗丽新. 论威廉姆·多尔的四 R 理论——一封给姐姐的信[J]. 全球教育展望，2004，33（1）：22—29.

[5] 佐藤学. 静悄悄的革命：创造活动、合作、反思的综合学习课程[M]. 李季湄，译. 长春：长春出版社，2003：21.

（五）对教与学方式变革困境的突围

教学方式变革从来都是教学变革的重要内容，也是教学文化变革的主要方面。人们对许多新的教育观念都耳熟能详，但课堂变化不大，以教师为中心的课堂教学文化依然占据着主导地位。展示性学习或可改变这一现状，因为这种学习活动在行为层面实现了学生的交互主体性，由"要我学"变为"我要学"，并以"活动的、合作的、反思的"特有方式改变现存的学习秩序，[①] 使学生个体与群体的认知与智慧的交融成为教学舞台的中心与亮点，教师由活动主宰转身为学习的引导者、合作者、助推者，成为学生学习活动的合作伙伴。这个转变，本质上是教与学行为文化的转变。

三、对在课堂中推进展示性学习的四点建议

（一）以问题为"支架"，促进认知的组织性

以问题为"支架"，发挥问题的作用，能够有效促进展示性学习的组织性，提高认知的深刻性。什么样的问题才是展示性学习所需的问题？从认知角度看，只有能够激发学生兴趣，引发认知冲突、促进学生认知发展的问题才是教学所需的真问题。而这个真问题就是展示性学习所需要的问题，是可以发挥教学"支架"作用的问题。真问题的产生有两条路径：一是教师路径。教师根据教学目标、教学内容和学生最近发展区筛选具有共性、探究性的问题或体现重难点、核心知识点的问题，以突出教学重点，突破教学难点。从形式上看，问题经过精心组织应成为一个有层次、有梯度的小系统；从内容上看，问题设计需要剔除一般性问题，在关注重点知识和核心知识的同时，关注问题的思维方式与思维品质；从功用上看，问题应当具有认知导航、组织教学、启迪智慧的功能。二是学生路径。在学习过程中，学生因为疑难而生成有价值的问题是一个自然而然的过程。与问题预设的前瞻性和主观性相比，这类问题一般都是动态的，具有随机性、发散性、不可预见性等特点，但有很大的教学价值。如果教师善于运用这些资源，将预设与生成结合起来就会有利于突破教学局限，实现师生共同成长。

① 佐藤学. 静悄悄的革命：创造活动、合作、反思的综合学习课程 [M]. 李季湄，译. 长春：长春出版社，2003：42.

（二）以独立学习为前设，促进认知的个体性

个体的自主学习是展示性学习的基础，在一定意义上说，没有独立、真实的个体认知活动，就没有展示性学习。因为没有主体与客体的认知冲突，就没有新知的产生；没有新知，展示也就失去了意义。自学强调学生的个性化劳动，而个性化的解读正是学生个体经验与符号化知识的相互作用和融合，也正是在这种融合的过程中丰富了学生的经验，实现了知识的个性化。[①] 要挖掘在教学环节中的个体学习的教学价值，首先，需要为学生提供相对充足的独立学习时间，精心耕耘出"沉思默想"的学习生态环境；其次，给学生布置适度的自学目标、任务；最后，培养良好的学习习惯。如良好的学科学习习惯，良好的学科思维习惯，对学习内容做出符合学科要求的书面或口头的表达。

（三）以小组智慧为支点，促进认知的丰富性

小组智慧指的是在合作学习小组内部所产生的集体智慧，它对个体学习有纠错、补充、完善和激励功能，能够为个体的进一步认知行为提供智力支持。要达到这个目的，需要精心建设并有效运作合作学习小组。第一，编组。在实践上有行政编组、学科编组或行政学科混合编组三种形式，成员以 3～5 人为宜。第二，培育良好的"研究"习惯。在组长领导下，根据"小组规则"，全组成员对在个体自学中所产生的问题进行认真、坦诚的交流、讨论、质疑，积极寻找解决问题的路径、方法，并提出新的疑问。第三，学会倾听。倾听是一种交流方式，也是一种态度。倾听别人，既是尊重他人的表现，也是了解对方想法的重要路径；而"会倾听"，则是一种能力，需要倾听者善于把握、分析、归纳、提炼信息并做出恰当的反应。只有成员间的仔细倾听，个体与个体、个体与小组才会形成良性的能动关系，从而获得教益。第四，在外显展示准备中学习。一是人员的分工准备：谁主持、谁主发言、谁补充发言、谁总结，明确到位，学习团队合作技巧。二是对主要成果、思维过程等内容进行书面整理，这是对已有认知的进一步消化和内化。三是准备工具，如是否需要借助多媒体、投影仪、纸张、图表、粉笔等，这是对表达方式的选择与学习。外显展示活动的准备过程的实质是小组成员认知活动、社会化角色学习的继续与延伸。借力小组集体智慧，能够温润和丰富每一个成员的认知和情感。

---

① 　罗祖兵，温小川. 学习独立性的意蕴及其实现 [J]. 全球教育展望，2013，42（3）：31—38.

（四）以外显展示为轴心，促进认知的深刻性

外显展示是展示性学习的高潮部分，是顺利完成知识、能力学习目标和思维发展目标，促进不同程度学生在情感、态度、价值观等方面都有所发展的重要平台。有序开展的外显展示活动，将使交互主体间的认知冲突、思维碰撞和思想交锋更加激烈，进一步促进深层次认知的形成。对学生而言，这是个体价值在拟社会化情景中的实现。要充分激活外显展示的认知、育人功能，精心的组织就显得尤为重要。首先，要做好外显展示的前期训练。从小组内部的个人展示训练，到两人搭档的班级展示训练，再到学习小组整体的班级展示训练，由生而熟，循序渐进。其次，是定规则，如学力低一些的学生先展示；每堂课个人在班级展示的次数不超过三次，小组不超过两次；展示时要体态自然、声音洪亮、口齿清楚等，用规则去管理学生。最后，智慧地组织外显展示。展示成效如何与教师的教育素养、教学素养和教学机制正相关。展示前，教师要与学生一道选择展示内容；展示中，教师对所展示的成果、问题、思维过程要及时追问、诱导点拨，激活质疑情境，引导学生对问题进行深入探讨，对知识进行归纳、梳理，形成知识结构，建立迁移条件；展示后，教师要结合总体情况引导学生反思，建构知识的内部或外部链接，以进一步解决知识迁移问题，并对个人表现与小组表现做出及时评价。教师需要把真实、自然、准确、活力、合作、创新作为引导外显展示的基本准则，聚焦展示性学习的本质。

展示性学习：课堂转型的新视角 [*]

何晓波

（重庆市沙坪坝区教师进修学院）

在新一轮课改浪潮中，"展示"作为一个全新的教学话语和学习技术，不断出现在课堂教学、教学文献和教育媒体中，受到人们广泛的关注。有学者认为，展示一词体现了生命的两种本性：作为个体的自我需要成长、发展，作为群体中的另一个自我需要交流、欣赏或被欣赏、评价或被评价。然而，从目前有限的文献来看，"展示"还只是以一种技术手段存在，并具有"临时工"性质，缺乏对以"展示"为核心元素的教学结构的梳理、概括与提炼，缺乏对展

---

* 本文曾发表于《北京教育学院学报》2014年第28卷第5期，第62—64页，收录时有删改。

示性学习价值的深度认识。笔者认为展示性学习是一种新的学习方式，是课堂教学的转型。本文对展示性学习的概念、特征及实践原则做了初步探讨，以期进一步引起实践界和理论界的关注与思考。

一、展示性学习概念的含义

对一个概念的描述主要从内涵与外延两个方面进行。从词义学角度看，展示性学习是以"展示性"作为修饰成分限定中心语"学习"的。"展示性"由"展示"和后缀"性"构成。"展"指发展、伸展、展开、向外表现；"示"是指呈现、表达、表示。展示，体现了生命成长中的变化状态，也体现了主动积极向外界表达以期待关注、回应、鉴赏的含义。"性"，在这里表达的是一种倾向，具有时间延续性特点，反映的是高频率现象，具有稳定性特征。因此，展示性学习是一种基于学生自身发展需要，以"展示"为手段的学习方式，具有高频率、稳定性等行为特征。从发生定义的角度看，展示性学习将学生还原为充满血肉的实践的"人"，通过变革传统的学习路径，从对认知结果的关注转向对问题探索开展的学习，以问题为先行组织者，以个体独立学习为前提，以小组智慧为支点，以外显展示为轴心，以小组（个体）的班级展示交流为平台，突出学生在特定教学情境中对信息的收集、整理、加工、重组与输出，注重知情意整体发展，在培养创造精神、创新能力的同时，更加关注个体的独立人格、社会人格与创造人格的和谐发展。本文的展示性学习以中小学课堂教学为边界。

二、展示性学习的基本特征

（一）知情意整体发展的核心地位

教学的主要功能就是通过特定的信息传递方式，帮助学习者在最短时间内获取人类所创造的精神文明，促进学生人格健康发展。但是由于旧观念的影响、功利主义作祟等多种原因，长期以来人们将知识量的积累作为学校教学的主要职责，突出学生在课堂中的主体地位就成为今日教育的主要责任。展示性学习一反以知识学习为唯一目的的课堂教学模式，将学生认知活动、能力发展与主体精神培育、情感陶冶整体嵌入教学情景中，凸显学习活动对个体生命成长的价值。

（二）"学以致表"的独特学习方式

"学以致表"就是将思维过程与认知结果外化，是融"接收、反思、表达、修正"于一体的一种学习方式。学习既是一个内化的过程，也是一个外化的过程。若学生"由内而外，以内养外"的学习路径被唤醒、被激活，这不仅能够有效提高学习品质，而且也能激发学生的生命活力。

（三）建构主义的认知视界

皮亚杰认为，个体的认知是发生在与外部世界的相遇中，在顺应、内化与外化的过程完成。离开了主体的认知心理基础，人也就不能形成对客观世界的认识，关于世界的知识体系也就无从建构。维果茨基则认为，人的认知是在社会化环境中完成的，著名的维果茨基空间就揭示了个体完成社会化知识的个体化内化、外化最后融入社会化知识体系中的过程。① "维果茨基作为强调学习社会性层面的代表，与皮亚杰对学习个体层面的关注形成了鲜明对比"②，但"两者都认为，儿童发展存在着彼此交织的两个方面、两条路线（个体与社会），缺少任何一方都不可能完整地理解发展"③。在展示性学习中，二者得到了融合。突出独立学习元素的教学价值，就是强化个体与文本的信息交流过程，增进认知的亲历感、真实感和丰富性；小组合作学习则突出了学习的社会性特征。正是这种和谐的统一，展示性学习颠覆了传统教学的单一性和单向性，建立起社会历史文化背景下的科学认知信号联系系统。

三、展示性学习的实践原则

（一）真实性原则

所谓真实，就是以本来的面目示人。在社会这个大环境中，就是不欺骗、不粉饰、不矫作。在教学这个特定视阈里，就是"有效交流"。所谓有效交流

---

① 毛齐明，蔡宏武. 教师学习机制的社会建构主义诠释［J］. 华东师范大学学报（教育科学版），2012，30（2）：19—25.

② 丛立新，马飞龙. 第三条道路——课程改革与教学实践的理论化［J］. 课程·教材·教法，2014，34（6）：98.

③ 麻彦坤. 维果茨基对现代西方心理学的影响［J］. 华东师范大学学报（教育科学版），2006，24（3）：70.

即"多元化和多层次的话语实践的有效生成，以及随之而生的认知的自主建构和品质素养的形成"①。它有"三性"的含义：第一，是自然性。基于学生的身心特点和最近发展区，呈朴实、自然、真诚之美。第二，是生命性。基于对生命的呵护，在真实的教学环境中，使学生得以修身养性，能够自然生长并享受生命的成长过程。第三，是教育性。真实的目的在于养成教育，激发学习兴趣、思维乐趣、动手情趣，获得知识之美、德行之美、人格之美。展示性学习以人立意，就必须以真实为基本原则。

（二）体验性原则

"人既可以作为生物的实体而存在，也可以作为精神的实体而存在。……一个人是否成为精神实体，只能取决与自己在面对内在精神世界或外在精神影响时是否作出了相匹配的反映。"② 而让潜在的精神实体变成现实的精神实体，体验就是一条重要的路径。体验既有认识论意义，也有方法论、本体论意义。体验既是人的存在方式，也是人自身追求生命意义的方式。③ 所谓体验，就是个体在与外部世界的交流中，从置身事外的身份转向"事内"身份，"从内部入手"，增进对"相遇世界"的深切认识，咀嚼、品味、鉴赏、创造新的知识，在不同凡响的精神体验中重构自己的精神世界。展示性学习主张在交互主体环境下，学生通过自主、主动的探究行为，启动个体的生活体验、认知体验和情感体验，在对话、交流、碰撞的"精神商谈"中与外部世界相遇，从而顺应、内化、外化各种信息资源，建立具有个性认知特征的与外部世界的联系。④

（三）交往性原则

教学有两个功能，一是促进学生的发展，二是促进社会的进步。个体社会化、社会个体化的潜在价值就应该是这两个功能的集合效应。只有当受教育者这个未来社会主体的"集体性"发展，才能推动未来社会的进步。促进个体社会化、社会个体化，加快这一进程是教学的义务。但是由于传统的或以改革名义出现的一些所谓的教学模式只是以知识获取为主要目标，将个体整体的发展摈弃在目标之外，学生生活在非正常竞争环境中，工具理性将人性压抑到了极致，导致受教育者不会交往、不善交往、不愿交往，不会合作、不愿合作、不

① 唐露萍."真语言"：本真教学的有效生成 [J]. 课程·教材·教法，2014，34（6）：29—34.
② 李德全，胡守敏. 论精神相遇的教学理念 [J]. 教育研究与实验，2014（1）：20.
③ 屠锦红."学习共同体"：理论价值与实践困境 [J]. 当代教育科学，2013（16）：7—9.
④ 李德全，胡守敏. 论精神相遇的教学理念 [J]. 教育研究与实验，2014（1）：17—21.

屑合作。而主体的交互性决定了主体间的交往性。合作学习"强调模拟的社会性学习……把个体与个体设置在一个交融互惠的情景中，诉求情、意、智的充分发展"①。展示性学习所倚重的小组合作学习、班级外显展示都是学习主体交流、交际的重要平台，是对偏狭的教学行为的反动，不仅是对知识获取路径的改变，也是人际交流、交往路径的拓展，因而突出主体的交往性是实现教学目标的重要策略。

（四）表现性原则

表现欲是少年儿童积极的心理品质。"渴望表现，在表现中满足缺失性需要（交往需要和尊重需要）和自我发展需要，是每个学生的内在需要。"② 这种需求可以通过展示来表达。借力少年儿童"好表现"的天性，开发其潜能，是顺乎人性、顺应规律的表现。将学生学习的结果与内在素质外化，达到在表现中学习，在表现中进步的目的。外化的内容包括认知探索的结果、思维过程及在学习过程中所产生的新的疑难问题等，技术性强的学习内容还包括技能技巧的外化等。展示者的语言禀赋、表演才情、个性特征、社会交往特质等综合素养，也会作为附加值被外化。外化的质量高，对释放学生个性潜能，提升学生自我认同感，从"他律"走向"自律"，从"外在"走向"内在"，从"自在"走向"自为"，都是具有积极的意义的。

（五）探究性原则

探究，顾名思义就是探索研究，也就是深入探索研究一个问题，并找出其根源。它是一种认知行为，目的在于揭秘隐秘未知世界、改造世界，满足人类驾驭未来的愿望。学校教育的探究行为是通过创设平台，孕育学生创新精神，培养学生在知识世界的冒险精神，学习知识探险的基本技术，为学生在未来的科学世界、精神领域和社会生活探险活动奠定基础。但在知识本位主导下的学校教学却大大简化甚至消解了学生的探究活动，因为它与当下教学的功利性目的相抵触。但从人的精神成长历程来说，探究过程不能省略，因而教育是不能省略探究教学的。展示性学习通过教学的转型，完成从认知结果开始教学转向从认知探索开始教学的转化，把学生的探究活动放在一个突出的位置，就是看

---

① 黄朝东，何晓波. 小组合作学习：本体意义、实践价值与软环境建设 [J]. 今日教育，2007 (5)：22.

② 肖海龙，谢捷琼. 在表现性学习中促进学困生的转化与发展 [J]. 教育科学研究，2006 (6)：41.

中探究活动的教育价值。而展示性学习从选择有教学价值的问题入手，以问题为先行组织者，精心组织个体的独立学习、小组的合作学习及团队的班级外显展示，形成个体、伙伴、教师及其他教学媒介的共振，从而获得认知、能力与思维的成长可能性，能够从实践层面保证探究活动的实现。一个悖论是探究活动需要时间的保障，而教学时间是一个常量，如何在常量内创造性地开展探究活动，需要教育实践者的实践智慧。

教研员核心能力系统的元素、特征及发展动力探析[*]

何晓波

（重庆市沙坪坝区教师进修学院）

中小学教研员是我国基础教育事业的重要组成部分。研究教研员核心能力系统的构成、特征及发展动力等问题，对开发教研员能力、提升教研员综合素质、提高中小学教研工作效率、促进中小学内涵发展具有重要的实践价值。

一、教研员核心能力系统元素

教研员本质上讲还是教师，他需要具有教师所具备的一般能力，如上课评课、命题评题、协调沟通、语言表达等能力。这个能力群能够为广大中小学和中小学教师持续提供"用户价值"，从而构成核心能力系统。这个系统包括教研力、科研力、执行力、管理力和创新力五种主要能力。

（一）教研力

教研力是教学研究力的简称，它指向两个维度：一是知识的维度，一是实践的维度。专业知识是专业活动的前提。学科教研员需要研究自身学科，熟悉学科教材，研究学科教材知识体系，把握重难点，吸纳新知，关注学科前沿知识；综合科教研员则需要熟悉、研究各自分管领域的业务。专业实践是教研工作的主体部分，研究教研规律、教学规律，组织高效的教研、科研、德研、培研等活动，是教研实践的主要内容。这需要教研员在共性中找到个性，从个性中找出共性，从一维走向多维。

＊　本文曾发表于《教育导刊》（上半月）2013 年第 10 期，第 42—44 页，收录时有删改。

（二）科研力

所谓科研力就是科学研究的能力，也就是探寻事物本质特征的认识能力。这是一种高层次的思维能力。教研员的科研多属应用型科研，方法多采用行动研究，面对的问题是教育教学中的疑难点，研究的结果应对解决问题有推动作用。教研员科研能力主要体现在对理论成果的把握与应用上，具体体现为以小问题为焦点，以短、平、快为价值取向的教研型与以课题为抓手、深度研究教学问题的课题型两种类型。教研型以教学中的某个疑难点生成问题，并以此组织单位时间内的教研活动链，有序有度，达到深度推进教学的目的。课题型以课题为抓手，以课堂为主阵地，以活动为载体，动员、组织、整合教研力量，集中研究学科教学中出现的典型问题。

（三）执行力

地方教育行政部门、研修机构对国家教育方针、教育政策、教学思想的贯彻执行，主要是通过教研员实现的。教研员执行力的强弱在一定程度上会强化或消解主流教育价值取向。教研员的执行力来自遵守教育法纪、法规的自觉性、对教研工作的忠诚、良好的教研行为习惯和综合软实力。教研员的执行力主要通过以下几个途径来体现：一是通过组织学科教研活动和集体理论学习，贯彻、落实教育方针、政策，吸纳先进教育理论，从思想上提高全体学科教师的教学理论修养和政策水平；二是在教学实践中对不符合教育思想、教育政策要求的教学行为进行纠偏；三是在开展学科教研活动时，对教学过程中出现的问题进行指导。

（四）管理力

管理力是运用各种手段达到目的的一种形式。教研员对教师的管理可以分为教研行政管理、教研学术管理和教研知识管理三大类型。教研行政管理指教研员根据教研工作的有关规定进行管理，如参加教研活动的规定，参加继续教育的规定等。教研学术管理是从研究的角度进行管理，如组织参加课题研究、项目活动，承担公开课、示范课，撰写学科教学论文等。知识管理"就是如何最大限度地调用组织或个人本来已经拥有但可能不被察觉甚至彻底遗忘的知识资源。知识管理的目的是最大限度的防止知识渗漏，使显性知识更加有序，促进隐性知识向显性知识转化。教师的隐性知识是宝贵的精神财富，激活、组织和运用其隐性知识是教研活动的重要内容。

（五）创新力

教研员的工作是引导人的工作，需要不断地对生产要素进行重组，创造性地解决问题。由此可见，教研员的创新力弥足珍贵。教研员的创新力主要体现在教研活动形式的创新，如教研活动的专题化、课题化，教研科研成果的借鉴、嫁接及课程开发等方面。以课程资源的开发创新为例，它至少需要四种能力元素：一是优质课程资源的发现力，如对周边生活素材、社会资源的引用、点化；二是组织力，如对课程资源的选择、整合，组成具有知识性、科学性、结构化的学科教学资源；三是对课程资源的再创造，这是课程资源的创造力，国家课程的二度开发就是这种创造力的表现；四是课程评价力，课程资源好不好或教学效率大不大都需要做出价值的评判。

元素是构成事物之间质的区别的内在规定性。同样的元素会因为不同的组合方式而构成不同密度的物质。这五种能力在进行个体化多元优质组合后就会形成创造能量。

二、教研员核心能力系统基本特征

（一）复合型

所谓复合型就是两种以上形态的重组形式。从能力结构关系来看，教研员核心能力系统中的各能力并不是简单的并列关系，而是一组多维度、多层次和多系列的能动关系，并且存在显著的个体差异性。对中小学教师而言，要履行研究、管理、指导、服务等职责；对教育行政来说，要履行参谋、智囊、助手等职能。面对中小学教师，教研员更多的是运用研究、管理、执行等能力；面对教育行政领导，教研员更多的是需要研究、创新能力。要优质、高效地完成教研员的职能职责，就需要教研员具备多方面的智慧。

（二）发展性

教研员核心能力系统的价值是能够服务于教研工作。如果以课程改革为分水岭，就可以很清晰地看到教研员由传递信息转向了创新能力。能力与环境的互动、能力与知识的能动是实现创新能力发展的两条路径。能力与环境的互动一方面表现了能力对环境的依赖，另一方面表现了能力对环境的促进。而能力与知识的能动则深刻地反映了能力发展与知识吸纳的互惠关系。知识是以结构的方式存在的。知识结构的关键是结构，而知识本身仅仅是组成这种结构形式的材料。[①] 当主体不断吸收知识并在结构中将其转化为能力时，能力就会进一步获取知识，建立新的知识结构并促进能力发展。

（三）效率性

投入与产出之间的比值构成效率。投入的越少，产出的越多，则为高效率，反之就是低效率。效率性特征反映了对教研员高质量工作的要求。效率性基于个体的综合素质，落脚在教研品质上。教研力的可贵，就在于它能够为主体获取教学实践中的知识、技能和技巧；科研力的可贵就在于它可以为研修工作找到新的突破口；执行力的可贵就在于它可以很好地贯彻主流文化价值观；管理力的可贵就在于它可以很好地组织动员教师投身教学实践；创新力的可贵，就在于它可以不断刷新工作方式。

三、教研员核心能力系统的发展动力

教研员核心能力系统在与环境的信息交换中，"通过自我组织涌现新的结构或类型"[②]。这个新结构或类型就是核心能力系统的新的优化状态。教研员主体工作构成了一个不断变化的教研环境，这个环境就成为打破教研员核心能力系统平衡、制造新的不平衡的重要动力源。其内在机制是对实践的反思性刺激。根据美国当代教育家、哲学家舍恩的反思性实践理论，反思性实践就是立足于特定的教育情境，对行动进行反思的社会实践。从内涵上对反思性实践进行分析，它包含了实践性、批判性与反思性特征。

（一）实践性

社会实践的目的是改造客观世界，使主体的思想、观点和价值追求不断对象化。对象化，实际上就是人在劳动过程中通过劳动力的形式将主体意识和意图体现在改造对象当中，从而塑造形象。[③] 教研活动是一项社会实践活动，是一个社会主流价值对象化的过程。在这个过程中，教研活动的实践主体会逐步走向异质，从而引发思维方式、行为方式与能力结构、知识结构的变化。这个

---

① 参见绍兴国，赵殿贵，张新国. 创造性思维 [M]. 北京：中国和平出版社，1996.

② 王荣，桑标. 人——情境整体交互作用理论与发展心理学研究思考 [J]. 华东师范大学学报（教育科学版），2007，25（1）：69.

③ 宗爱东. 马克思主义劳动观及其当代启示 [J]. 江淮论坛，2021（6）：83-88.

变化必然带来核心能力系统的变化。

（二）批判性

在后现代主义看来，所有的知识都具有文化性、境遇性和价值性，在传播过程中知识还具有权利实践的性质，所以在教授知识和学习知识的过程中都不能毫无批判地进行，否则就可能受到种种知识霸权的控制，从而失去认识和行动的独立性和自主性，使人从思想上和行动上陷入一种被奴役的境地。个体就更加需要培养对知识的鉴赏力、判断力和批判力，从而能够保持理智、清醒和自主。[①] 要激活多种核心能力元素，就需要在工作中、学习中、创造中进行批判性思考，在批判中建构。

（三）反思性

反思是对假定和信念进行回顾以确定它们是根植于逻辑、证据之上或二者兼而有之的，并且反思还能对某一特定行为过程的意义或后果进行展望或前瞻。杜威认为反思使我们从单纯冲动和单纯的一成不变的行动中解脱出来，从正面来说，思维能够指导我们的行动，使之具有预见，并按目的去计划行动，或者说，我们行动之前便明确了行动的目的。它能够使我们的行动具有深思熟虑的和自学的方式，以便达到现在看来遥远的目标。[②]

反思性实践是建设而不是毁灭，它在与核心能力系统的能动中促进了核心能力系统的发展，而核心能力系统又从高位上引导教研实践变革，从而实现其良性循环。

教学等待：意蕴及其实现[*]

何晓波

（重庆市沙坪坝区教师进修学院）

美国心理学家罗伊在 1974 年提出"等待时间"理论，但对教学等待并未

---

① 石中英. 知识转型与教育改革［M］. 北京：教育科学出版社，2001：162.

② 约翰·杜威. 我们怎样思考·经验与教育［M］. 姜文闵，译. 北京：人民教育出版社，1984：64.

* 本文曾以《教学等待：让学习真实发生》发表于《中小学管理》2017 年第 11 期，第 30—31 页，收录时有删改。

给予明确解释。① 近年，国内学者以及教育工作者对此也纷纷产生浓厚兴趣，引发了相关讨论。教学等待的内涵是什么？意义在哪里？策略有哪些？从已有文献来看，其解释并不完整、充分，也缺乏规范性。无疑，这影响了教育工作者对教学等待本质的认识与实践。本文拟从教学等待的内涵、层次、意义与实践策略四个维度进行阐释，增进其实践价值取向与实践性。

一、教学等待的内涵及其层次

（一）教学等待的内涵

从词义学的角度看，教学等待是由"教学"与"等待"两个词语构成的新概念，要揭示它的含义，就需要从词语构成成分的基本义及二者之间的关联中建立新的意义联系与释义。

1. 教学

"教学"一词，不同时代、不同流派有不同解释。"一般来说，教学是由教师的教与学生的学所构成的特殊的认识活动。这种认识或以人类已知知识为主要对象，或以发展经验为主要任务。"② 学校教学的根本任务就是促进学生成长。在《教育大辞典》中"教学"一同的定义为："以课程内容为中介的师生双方教和学的共同活动。学校实现教育目的的基本途径。特点为通过系统知识、技能的传授与掌握，促进学生身心发展。"③ "从时间序列看，教师和学生课前的准备活动、共同进行的课内活动、课后的作业批改、练习、辅导、评定等都属教学活动。"④ 这个解释系统地揭示了教学的育人本质，是对教学的基本认识，也是对教学的科学解释，对认知纠偏与教学实践都具有积极的引导作用，包含了活动主体（师生）、中介手段（课程内容）、教学情境（共同活动）、基本特点（系统知识、技能的传授与掌握）、实现目标（学生身心发展）和时间范畴六个要素。本文对"教学"的理解就基于以上认识。

2. 等待

《现代汉语词典》"等待"词条指："不采取行动，直到所期望的人、事物

① 张虎玲. "等待时间"在高师普通话课堂教学中的应用 [J]. 吕梁教育学院学报，2009，26（3）：25—26.

② 吴杰. 教学论——教学理论的历史发展 [M]. 吉林：吉林教育出版社，1986：140.

③ 顾明远. 教育大词典 [M]. 上海：上海教育出版社，1998：71.

④ 顾明远. 教育大辞典 [M]. 上海：上海教育出版社，1998：712.

或情况出现。"① 这是对等待的自然主义描述，从中可以发现等待所具有的五个元素：行为主体（人）、行为方式（不采取行动）、结果（所期望的人、事物或情况出现）、心理状态（期望）和时间范畴（从期待产生的瞬间到结果出现之间的时段），只要具备这些元素，其行为就是等待。

3. 教学等待

根据上文对"教学"与"等待"含义进行分析，可以对"教学等待"做出以下定义：在以课程内容为中介的师生双方教学的共同活动中，教师根据教学目标、课程内容、任务进度和学情需要采取有意义的行为中断，直到其所期待的教学效果出现。

（二）教学等待的三个层级

任何事物都存在着不同的发展层级。教学等待的价值大小与对人的发展促进程度成正相关，而不同的发展程度又与外在的表现形态相关联，因此将促进作用的大小与表现形态作为划分层级的基本标准，区分出了原初性、观念性和理性三个层级。

原初性层级的基本特征是：虽有教学等待行为，但教学等待的意识弱，是一种自然、本能的反应，随意、零散、粗糙，很难从其行为轨迹中寻找到教学等待与教育意义之间的逻辑联系。观念性层级的基本特点是：在认知层面认可教学等待行为，但对等待的话题以及等待行为设计不足，实践价值取向不鲜明。理性层级的基本特点是：等待意识信号强烈，能够理性地将等待的话题、操作行为融入教学设计与实施，在教学过程中都能清晰地呈现教学等待的教育意义，等待行为自然、流畅，目标指向明确。

教学等待的三个层级体现了认知与行为改善的从低级到高级的发展历程。对每一个教学等待的自觉者来说，教学方式铸造了他的思想、意识，反过来又影响其行为以及行为品质。在教学等待视阈中，理性层级最具教育学意义，也是教育实践者的不懈追求。

---

① 中国社会科学院语言研究所词典编辑室. 现代汉语词典［M］. 北京：商务印书馆，2005：287.

二、教学等待的意义

（一）在实践层面完成教师本位到学生本位的真实的立场转换

教师本位本质上是成人本位思想的体现。由于教师知识、技能、人生阅历比学生丰富，其社会身份使教师的权威性在教学中得到强化，易形成教师中心主义。教师本位不仅使受教育者个性发展受到严重遮蔽，也使教育失去了应有的社会个体发展功能。这既不符合发展中的社会对教育不断增长的需求，也不符合受教育者作为人的发展的本质需要。

教育要充分发挥促进社会发展的功能，培养未来社会所需要的各类人才，就必须从教师本位转向学生本位。学生本位既能满足发展中的社会对人才不断增长的要求，又能彰显个体自我发展中的社会规定性，是社会需要与个体需要的和谐统一。由教师本位转向学生本位需要的不仅仅是观念的转变，更需要一个实践支架将理想世界与知识世界、生活世界联系起来：它不再把知识教学作为单一的甚至唯一的任务，而是通过教学目标实现的过程，关注学生的困惑，正视学生的生命成长，让学生在从容、自由的气氛中逐渐养成独立思考的习惯，允许学生在学习过程中犯错误，让学生经历挫折，并在相互启发、畅所欲言中获得感悟，培养学生勇于发现自我、表现自我的品质，使学生增强自信。① 学生在此过程中可以获得能力的生长、情感的萌发、理性的萌生。教学等待所追求的正是这样的价值取向。

（二）从知识本位转向深度学习、素养提升与智慧生成

教育的重要中介富集了人类文明的课程内容，具体表现为由范围宽广的社会和自然等各类科学文化知识所构成的书本知识。作为学科基础的、公共的知识，它是人类在改造自然、改造社会、改造自身过程中所产生的精神产品，是推动社会进步的重要原动力。因对待知识的不同态度，形成了不同的知识观、教育观，从而产生不同的教育实践。把知识视为人类与世界交往的静态的结果，人脑就是书橱，教学就是灌输，教学过程就是死记硬背；将知识看成是人类与世界互动的精神产品，知识就是鲜活的世界，教学过程就是自主、合作、探究的。在理性主义旗帜下，知识本位观与当下的社会环境、教育处境高度契

---

① 汪潮. 试论语文教学空间的创设 [J]. 语文教学通讯·小学，2014（27）：8-12.

合，在制度性安排、择校、高考指挥棒等构筑的巢笼中，醉心于知识的灌输，忽视学习过程中知识建构及在知识建构过程中人的发展。知识本位的教学忽视了知识与能力之间的辩证关系，割裂了知识促进能力发展、孕育思维生长、催生智慧生成的关系，将知识悬空起来。

而进入世界的知识引导学习者在学习过程中吸收、内化、建构知识，将公共知识转化成个体知识，突显思考的力量。美国数学教育家乔治·波利亚也曾经说过，"教师在课堂上讲什么当然是重要的，然而学生想什么却更是千百倍的重要，思想应当在学生的脑子里产生出来"[①]。教学等待就是通过进入世界的知识，等待学生思想抽穗，知识拔节，[②] 能力增长，在共同的教学活动中，把普遍的、一般性的和共性的知识转化成特殊的、个别的和个性化的学习能力、工作技能和生活智慧。[③] 教学等待促成了教育实践从知识本位向深度学习、素养提升与智慧生成的转变，顺应了基础教育课程改革的理念与实践需求。

（三）从单向交往到异向交往的教学结构的变化

"结构"是系统内各组成要素之间的相互联系、相互作用的方式。是系统组织、有序化的重要标志……结构既是系统存在的方式，又是系统的基本属性，是系统具有整体性、层次性和功能性的基础与前提。[④] 而课堂交往根据信息流的传递方向分为四种类型：只有一方讲话的"单向交往"、相互的"双向交往"、被拒绝的"反向交往"和思路各异的"异向交往"。[⑤] 这四种方式与教学结构有着内在的联系。从教学结构角度看，班级授课制一般意义上是"师—生"的二元结构；从交往方式看多属"单向交往"，甚至是"反向交往"，本质上是"一对一"的。表象上，一个教师面对为数众多的学生，是"一对多"，但在教学中，教师并没有将学生还原为具体的"这一个"，而是将众多鲜活的个体抽象为"一"，没有性别，没有类别，没有层次，没有个性差异，与注重

① 马小薇. 浅议课堂中教师教学等待的必要性——一节看图写话课的启示 [J]. 文教资料，2012（9）：190.

② 王丽娟，张献伟. 浅析新课程改革背景下的"教学等待" [J]. 教学与管理，2015（5）：5-7.

③ 徐超富. 转识成智：现代教学的认知价值追求 [J]. 华东师范大学学报（教育科学版），2014，32（4）：23-29.

④ 转引自李怡明，李森. 论课堂教学结构异质化变革 [J]. 课程·教材·教法，2014，34（6）：16-22.

⑤ 佐藤学. 静悄悄的革命：创造活动、合作、反思的综合学习课程 [M]. 李季湄，译. 长春：长春出版社，2003：46-47.

差异化、个性化、生命化发展的社会教育价值取向相悖离。要改变这种状态，在班级授课制的大框架下，只有通过改变教学结构实现这个目的，即从二元结构变成"异质结构"，即从"一对一"变成"一对多"。"一对多"就是将学生还原为一个个鲜活的生命，形成教师对学生、学生对学生、学生对教师的交互关系。① 在教学等待视阈中，等待全体、等待部分、等待个别三种情境都会各自引发教学结构的自然变化，形成"师－生""生－生""生－师"的不同结构，交往方式也就不再是单向的。结构的多元化、交往的异向化，不仅使教师能够等待学生认识深入、思想成熟，聆听他们的声音，学生也能够进一步思考。

三、教学等待的实践策略

教学等待的主要行为特征是教学中断，而中断的策略可以体现为以下五方面。

（一）实现问题优选

什么是问题？广义的问题泛指机体不能利用现成反应予以应答的刺激情境；狭义的问题指人不能利用现成的知识（包括概念、规则和方法）达到既定目标的刺激情境。② 在课堂教学中，教学问题就是亟待解决的认知难题或困难。问题优选是对组织教学的问题的优化选择。问题优化至少需要符合三个条件：一是备选问题足够多，有了数量，才能够进行比较、分析、选择、提炼；二是目标指向必须解决的认知、能力及思维品质问题，这样才能筛选出核心问题与关键问题；三是符合认知特点，由主问题群统领亚问题群，体现认知的层次性，恰如其分地引导学生实现思维进阶。

问题优化可从问题预设与问题生成两个维度进行把握。一是问题预设。它依据的是教材的逻辑结构与认知的逻辑结构，在吃透教材的基础上，教师根据教学目标、教学内容及学情要求，通过分析、比较等方法提炼核心问题和关键问题。二是问题生成。生成性是教学的实践特点。在教学中生成的问题具有随机性、碎片化、表象化、娱乐化等特点，剔除与任务不相关或者关联性不高的

---

① 李怡明，李森. 论课堂教学结构异质化变革［J］. 课程·教材·教法，2014，34（6）：16－22.

② 顾明远. 教育大辞典［M］. 上海：上海教育出版社，1998：1634－1635.

问题，产生真正具有教学价值的问题。无论是问题的预设还是问题的生成，都需要做到问题本身的真实性、关联性、困惑性（问题性）、清晰性和处置性。"真实性是指问题要有现实根据，能够真实、准确地反映事物的矛盾和逻辑结构"，而关联性指"问题与学生的相关度"，困惑性（问题性）指问题具有提问价值，清晰性指的是表意的明白、确切，处置性就是问题投放的方式方法。[①]要达到问题优化的效果，必须做到科学化、艺术化处置问题。只有满足了这些条件，问题的教学组织、思维引导、能力建构价值才会凸现出来，才会避免教学中的表演式"满堂问""教师主导型"等现象。通过教学过程中的预设与生成，实现问题优选，创设教学等待情境，引导学生认知，激活学生思维，释放学生创新活力，从而彰显有意义的教学等待的价值。

（二）统筹时间安排

教学时间具有确定性和可变性。比如，在我国中小学一节课的时间一般为45分钟，具有确定性；但将一节课的时间进行任务分割后，45分钟就成为多个时长可变的时段的集合，相对来讲又具有可变性。在这个时间集合里的不同时段与教学内容构成教育价值的函数关系。教学等待高度认同时间与教育价值的关系，试图通过时间的合理调控，突显学生的学习主体地位。增加学生的有效学习时间长度就是赋予学生思想的自由。但"课堂上有相当多的时间是被不合理地浪费了"[②]，一个普遍的教学现象就是教师在提出一个问题之后若没有给予学生足够的思考时间就匆忙组织课堂讨论，这种假性讨论就是对时间最大的浪费，也是对时间的教育价值的严重损害。要突显师生共同教学活动的实效，使教学等待上升到教育价值层面，需要在时间组织上做出科学、合理的决策。

教学等待的时间投放多少才最具合理性？有研究表明当教师学会等待3秒钟而不是习惯的0.8秒钟再去叫学生时，就会出现奇迹。当提出一个恰当的、有力的、条理清楚的问题时，增加了等待时间，就可以出现种种良好的预期。[③]可见，时间投放长度需要将问题难度与期待值联系而进行统筹安排。不同的教学难度与教学期待，时间投放的长度是不一致的。一个比较容易观察的

---

①　陈振华. 教学中的问题：基于思维发展的理解［J］. 华东师范大学学报（教育科学版），2014，32（4）：30—39.

②　列·符·赞可夫. 和教师的谈话［M］. 管海霞，译. 武汉：长江文艺出版社，2021：4.

③　张虎玲. "等待时间"在高师普通话课堂教学中的应用［J］. 吕梁教育学院学报，2009，26（3）：25—26＋63.

指标就是学生思考的状态和程度。

（三）调节教学节奏

所谓节奏就是强弱快慢的音律的变化，泛指事件的强弱快慢。不同的教学任务、不同的教师及不同的教学偏好会形成不同的教学节奏：有的急促、有的舒缓、有的强烈、有的低沉等，它是教学内容、教学方式、教学风格和教学情境的多元素集合的个性化体现。在共同活动的场阈中，师生的精神相遇、思想共鸣弥为珍贵，因而调控课堂节奏、把握课堂情绪，引导课堂在自然状态下呈现思维的进阶、情感的升华就成为教学等待的重要内容。

停顿是把控教学节奏的一种方式。所谓停顿就是将教学内容及教学进度暂时地停下来，静静地等待学生的进步。由于有规则的停顿，教学时间就会产生有节奏的韵律感，呈现出教学内容、情绪、认知的整体性与一致性。确切地说，等待的节奏，一定是舒缓的，甚至是停止的，在这样的节律里，学生的思维能活跃起来。教学用语的快慢高低，也是自然调控课堂的教学节奏，实现教学等待价值的重要手段。教师通过有意识地对语速快慢的调节、音量高低的变化，在教学过程的自然流淌中，将教学等待渗透、融合在教学过程中，提升教学品质，实现教学等待价值的自然生长。

（四）促进自主学习

根据维果茨基的观点，学生的学习有两个水平层次，一个是已有的水平层次，一个是可能的水平层次，这二者之间的差就是最近发展区。学习支架是维果茨基基于其社会文化学说而生成的理论概念与实践做法。教师依据最近发展区理论为学生提供"支架"（帮助），把学习的管理任务逐步转交给学生，使学生掌握、建构、内化那些能使其从事更高认知活动的技能，一旦获得这种技能，他们便可以更多地对学习进行自我调节。要让教学等待成为具有教育意义的行为就需要给学生提供学习支架，延伸学习的长度，拓展学习的深度与广度，增进学习的温度。

在教学等待这一特定视阈中，以个体学习、合作学习、展示性学习为骨干元素的自主学习框架就是这样的支架，作业也是重要的支架。

个体学习是指学生在课堂上根据教学要求进行的独立学习。学生通过对文本进行个性化解读，符号所代表的观念可与学生的个体经验和已有知识建立意义联系，这为下一步的合作学习、展示性学习提供了认知前提。合作学习以3~5人组成的学习小组为单位，以学习任务为基本对象，在个体学习的基础上交流、讨论、质疑、争辩、纠错，得出结论或者提出新的见解，新的问题会加深个体对文本内容的理解，进一步强化师生之间真实对话的可能。展示性学习是一种外显性学习，将内化的知识通过展示外显出来，是群体智慧的交融与碰撞，是对深度学习的追求。[①] 这个学习框架在很大程度上限制了教师对教学时间的占有，将时间还给了学生，促进了学生的成长。作业是一种重要的学习形式和学习效果的反馈方式，也是重要的教学等待技术，与展示性学习同理，它也是一个先内化后外化的学习过程，同时又是一个学习规范的过程。在教学中适度地安排作业能够降低教师的时间占用率，及时反馈教学效果，观察学生学习状态。而课后适度的作业练习对所学知识是一种整理、深化和迁移，对解决问题的能力和创新能力是一个提升。作业形式的多样性、作业层次的丰富性、作业评价反馈的多路径，突出了教学等待对全体学生的发展意义。

这两个大类的学习支架，既为学生的学习提供了组织条件和当下环境，又为教学等待提供了实体支持，是师生的共同活动，又是断而不断的认知活动。

（五）构架"真环境"

教学等待要发生教育意义，需要一个"真环境"，这是情感的真诚、认知的真实、行为的率真所建构起的"暖"环境。情感作伪、教学作秀、行为浮夸的教学场阈是不可能真正做到教学等待的。"真环境"的构架需要中介。学习是以师生互动为特征的社会实践活动，师生之间构成特定的社会环境。而环境的构架离不开教学语言。教学语言要成为"真环境"架构的中介，需要真语言、真教育性、真生命性。"师生的'语言'作为对话的主要凭借，必须能够保证其有效性，即应发挥应有的'对话'功能"[②]。发挥对话功能的前提是问题的真实性与思维的引导价值。当学生的已知与未知形成认知冲突时，求知欲望就被充分唤醒，师生通过对话交流，逐层拨去蒙盖在认知对象上的迷雾，接近事实的真相。最后，言语不浮夸、不矫饰、不造作。在"真"的场阈中，师生的精神真实相遇，才能使教学相长成为可能。

概言之，问题优选等五种策略涉及教学目标、教学任务的清晰度、精准度，教学内容认知的深度，教学组织的合理操作技术，教学时间的科学把控及教学环境的营造，将不采取行动具象化，使学生在教学等待中成长成为可能。

---

① 何晓波. 展示性学习：课堂转型的新视角 [J]. 北京教育学院学报，2014，28（5）：62—65.
② 李素敏，纪德奎，成莉霞. 知识的意义建构与基本条件 [J]. 课程·教材·教法，2015，35（3）：40—47.

四、结语

教学等待是一个具有实践价值与认识价值的命题，本质上是站在人的健康成长立场上去理解人和教学，离开了这一点就很难理解教学等待及等待中的人，难以实现教学等待的真正价值。

参考文献

常波. 西方反思型教师教育思潮兴起背景综述［J］. 外国教育研究，2000，27（2）：31－34.

陈嘉明. 人文主义思潮的兴盛及其思维逻辑——20 世纪西方哲学的反思［J］. 厦门大学学报（哲学社会科学版），2001（1）：42－48.

陈静静. 教育研究的三种视角——佐藤学如何做研究［J］. 上海教育科研，2018（4）：49－52.

陈向明. 旅居者和"外国人"：留美中国学生跨文化人际交往研究［M］. 北京：教育科学出版社，2020.

陈泽庚. 群策群力 再创辉煌——对继续发展群众性教育科研的几点认识［J］. 上海教育科研，1995（12）：20－22.

范涌峰，宋乃庆. 教育研究科学化限度与突破［J］. 教育研究，2016（1）：94－101.

顾明远. 教育大辞典［M］. 上海：上海教育出版社，1998.

郭元祥，伍远岳. 学习的实践属性及其意义向度［J］. 教育研究，2016，37（2）：102－109.

何晓波，梁胜. 经济学家的故事［M］. 成都：四川大学出版社，2021.

何晓波，罗咏梅，谭轼纱等. 成长科研：中小学教师成为教育研究者的一个路径［J］. 华夏教师，2018（5）：6－9.

何晓波. 教学等待：让学习真实发生［J］. 中小学管理，2017（11）：30－31.

何晓波. 群众性教育科研管理的内在价值及其实现策略［J］. 教师教育学报，2016，3（4）：81－89.

何晓波. 现代阐释学对阅读教学的观照［J］. 中学语文教学参考，2004（C1）：52－54.

何晓波. 中美中学语文教材练习设计个案比较［J］. 语文教学与研究，2010（7）：63－65.

洪明. 当代教师培养解制路径的思想根基探析——美国"常识"取向教师教育

改革思潮述评 [J]. 比较教育研究，2009 (8)：77—81.

洪明. 西方教育研究的方法论和转向——行动研究探略 [J]. 国外社会科学，1999 (1)：14—19.

华东师范大学哲学系逻辑学教研室. 形式逻辑 [M]. 上海：华东师范大学出版社，2016.

黄朝东，何晓波. 小组合作学习：本体意义、实践价值与软环境建设 [J]. 今日教育，2007 (5)：21—22.

季羡林. 季羡林谈读书治学 [M]. 北京：当代中国出版社，2015.

金生鈜. 教育研究的逻辑 [M]. 北京：教育科学出版社，2015.

李德全，胡守敏. 论精神相遇的教学理念 [J]. 教育研究与实验，2014 (1)：17—21.

李亦非，朱小蔓. 新课程三维目标整合的 KAPO 模型 [J]. 天津师范大学学报 (基础教育版)，2010，11 (1)：1—10.

楼连娣，庞维国. 知识基础对大学生创新思维的影响 [J]. 华东师范大学学报 (教育科学版)，2014，32 (4)：90—98.

鲁洁. 走向世界历史的人——论人的转型与教育 [J]. 教育研究，1999 (11)：3—10.

罗丽新. 论威廉姆·多尔的四 R 理论——一封给姐姐的信 [J]. 全球教育展望，2004，33 (1)：22—29.

罗祖兵，温小川. 学习独立性的意蕴及其实现 [J]. 全球教育展望，2013，42 (3)：31—38.

麻彦坤. 维果茨基对现代西方心理学的影响 [J]. 华东师范大学学报 (教育科学版)，2006，24 (3)：67—72.

毛齐明，蔡宏武. 教师学习机制的社会建构主义诠释 [J]. 华东师范大学学报 (教育科学版)，2012，30 (2)：19—25.

宁虹. 教师成为研究者的现象学意识 [J]. 教育研究，2003 (11)：64—68.

邱学华. 教育实践是教育理论的源泉 [J]. 华东师范大学学报 (教育科学版)，2011，29 (2)：4—6.

绍兴国，赵殿贵，张新国. 创造性思维 [M]. 北京：中国和平出版社，1996.

申继亮，刘加霞. 论教师的教学反思 [J]. 华东师范大学学报 (教育科学版)，2004，22 (3)：44—49.

石中英. 知识转型与教育改革 [M]. 北京：教育科学出版社，2001.

苏丹兰. 论学力、基础学力的概念与要素的构成 [J]. 山东教育科研，1997

（3）：14－16+19.

孙东川. 案例研究是一种好方法——从费孝通先生的博士论文谈起 ［J］. 学位
　　与研究生教育，2007（1）：93－99.

汤林春. 群众性教育科研的坚守与创新 ［J］. 上海教育科研，2012（11）：卷
　　首语 1.

唐露萍. "真语言"：本真教学的有效生成 ［J］. 课程·教材·教法，2014，34
　　（6）：29－34.

田虎伟. 混和方法研究——美国教育研究方法的一种新范式 ［J］. 比较教育研
　　究，2007（1）：12－17.

屠锦红. "学习共同体"：理论价值与实践困境 ［J］. 当代教育科学，2013
　　（16）：7－9+34.

汪明帅. 民国时期教师的教学研究初探 ［J］. 华东师范大学学报（教育科学
　　版），2013，31（1）：89－95.

王道俊. 知识的教育价值及其实现方式问题初探——兼谈对杜威教育思想的某
　　些认知 ［J］. 课程·教材·教法，2011，31（1）：14－32+43.

王洁，顾泠沅. 行动教育——教师在职学习的范式革新 ［M］. 上海：华东师
　　范大学出版社，2007.

王金红. 案例研究法及其相关学术规范 ［J］. 同济大学学报（社会科学版），
　　2007，18（6）：87－95+124.

王荣，桑标. 人——情境整体交互作用理论与发展心理学研究思考 ［J］. 华东
　　师范大学学报（教育科学版），2007，25（1）：68－72.

魏忠. 教师是教育创新的最大阻力 ［J］. 上海教育科研，2016（6）：24－27.

吴炳海. 论实践的自我认识功能 ［J］. 浙江大学学报，1997，11（4）：53－
　　61.

吴义昌. 行动研究法的历史演变及其对我国中小学教师研究的启示 ［J］. 徐州
　　师范大学学报（哲学社会科学版），2000，26（6）：145－148.

肖川. 人文—社会学术研究中的感悟、思辨与实证 ［J］. 北京师范大学学报
　　（社会科学版），2009（1）：29－37.

肖海龙，谢捷琼. 在表现性学习中促进学困生的转化与发展 ［J］. 教育科学研
　　究，2006（6）：40－42.

徐超富. 转识成智：现代教学的认知价值追求 ［J］. 华东师范大学学报（教育
　　科学版），2014，32（4）：23－29.

徐征. 寻求超越：战后日本学力论争 ［M］. 上海：上海社会科学院出版

社，2008.

闫婷婷. 基于奥苏贝尔认知同化理论的微积分教学策略 [J]. 教育现代化，2019，6 (50)：122：123.

姚计海，王喜雪. 近十年来我国教育研究方法的分析与反思 [J]. 教育研究，2013，34 (3)：20－24＋73.

叶澜. 新世纪教师专业素养初探 [J]. 教育研究与实验，1998 (1)：41－46.

余文森. 从"双基"到三维目标再到核心素养——改革开放 40 年我国课程教学改革的三个阶段 [J]. 课程·教材·教法，2019，39 (9)：40－47.

袁运开. 再论培养学生发展性学力与创造性学力的内涵及意义 [J]. 华东师范大学学报 (教育科学版)，1999 (1)：72－79.

袁振国. 教育研究方法 [M]. 北京：高等教育出版社，2000.

约翰·杜威. 我们怎样思维·经验与教育 [M]. 姜文闵，译. 北京：人民教育出版社，2005.

斋藤孝. 教育力 [M]. 张雅梅，译. 上海：华东师范大学出版社，2011.

张霄，王梦秦，夏盼盼，等. 我国教育领域实证研究的现状与反思——基于近十年六种教育期刊 1029 篇论文的统计分析 [J]. 上海教育科研，2017 (9)：5－11.

赵萍. 奥巴马政府首任内的教师教育政策评析 [J]. 比较教育研究，2013 (3)：80－85＋104.

郑金洲. 行动研究：一种日益受到关注的研究方法 [J]. 上海高教研究，1997 (1)：23－27.

郑金洲. 学校教育科研中存在的八大问题 [J]. 人民教育，2007 (6)：49－52.

郑日昌，崔丽霞. 二十年来我国教育研究方法的回顾与反思 [J]. 教育研究，2001 (6)：17－21.

郑太年，仝玉婷. 课堂视频分析：理论进路、方法与应用 [J]. 华东师范大学学报 (教育科学版)，2017，35 (3)：126－133＋172－173.

郑也夫. 科场现形记 [M]. 北京：中信出版社，2014.

钟秉林，赵应生，洪煜. 我国高等教育研究的现状分析与未来展望——基于近三年教育类核心期刊论文量化分析的研究 [J]. 教育研究，2009，30 (7)：14－21.

钟启泉. 教学活动理论的考察 [J]. 教育研究，2005 (5)：36－42＋49.

钟启泉. 素质教育与课程教学改革 [J]. 教育研究，1999 (5)：46－49.

钟启泉. 学力理论的历史发展 [J]. 全球教育展望，2001 (12)：31－38.

朱虹，刘晓陵，胡谊. 社会文化观下的教育心理思想——维果斯基的机能性系统分析视角 [J]. 全球教育展望，2013，42 (3)：25－30＋10.

朱家存，辛治洋. 美国教师教育发展的问题之争及其启示 [J]. 比较教育研究，2008 (11)：57－62.

朱旭东，胡艳，袁丽. 我的教育研究生涯——佐藤学教授访谈录 [J]. 比较教育研究，2014，36 (10)：1－6.

朱旭东. 论当代西方教师教育思想 [J]. 比较教育研究，2015，37 (10)：52－57.

宗爱东. 马克思主义劳动观及其当代启示 [J]. 江淮论坛，2021 (6)：83－88.

佐藤学. 静悄悄的革命——创造活动、合作、反思的综合学习课程 [M]. 李季湄，译. 长春：长春出版社，2003.

致　谢

感谢四川大学出版社提供的出版机会，感谢本书责任编辑王静老师付出的辛勤劳动。

对本书所引用观点、材料、案例的所有原创者，致以诚挚的谢意和崇高的敬意。

对关心、支持、帮助我的领导、同事和朋友说一声谢谢！

对家人，我心怀感激。

最后，还要感谢自己的坚持。

何晓波

2022 年 8 月